सतपुत्र भव:
सच के रंग - कविता के संग

मोहन भारती

BlueRose
Publishers
NewDelhi • London

First Published in January 2022

ISBN: 978-93-5472-959-1

BLUEROSE PUBLISHERS

www.bluerosepublishers.com

info@bluerosepublishers.com

+91 8882 898 898

Cover Design:

Akash Bartwal

Typographic Design:

Ilma Mirza

Distributed by: BlueRose, Amazon, Flipkart

किसान को समर्पित

भूमिका

लॉकडाउन! एक ऐसा समय था जब हमारे पास अवसर था कि हम वह सब कुछ कर सकें जो हमने कभी सोचा था अथवा जिसकी कभी कामना की थी और जिसमें हमारी रूचि रही थी परन्तु समय का अभाव होने के कारण मन की मन में ही रह गई थी। इस मनचाही को करने के लिए शर्त एक ही थी कि इसके लिए हमें अपने घरों से बाहर न निकलना पड़े। समय का अभाव, अब कोई बहाना नहीं रह गया था। एक नए इतिहास की रचना हो रही थी और विश्व की आधी से ज्यादा जनसंख्या इसका हिस्सा थी, और साक्षी भी। यह एक ऐतिहासिक क्षण था जब हर व्यक्ति भय के वातावरण में जी रहा था, विश्व-मंच पर एक **'रियलिटी शो'** चल रहा था और लोग इसका हिस्सा बनने को विवश थे। लगभग सभी के मन में यह भय घर कर चुका था कि यदि कोई भी घर से बाहर निकला तो उसे **'कोरोना'** नाम का राक्षस निगल जाएगा। हालांकि मैं इस भय का हिस्सा नहीं था परन्तु कानून और नियमों का पालन करना तो मेरा भी कर्तव्य था, अतः मैं भी घर में ही कैद रहा। परिणाम, यह काव्य संग्रह, जो पिछले कई वर्षों से अधूरा पड़ा था।

लॉकडाउन ने संवेदनाओं को पुनःजागृत किया और खाली समय ने रचनाधर्मिता की ओर फिर से उन्मुख किया। समय का सदुपयोग कहें या तथाकथित कोरोना का अभिशाप, पर **'बिल्ली के भागों छींका टूटा'**! अभिशाप, वरदान साबित हो गया, आपदा में अवसर मिल गया, और जब अपनी मर्जी करने का अवसर मिला तो मन ने कहा 'शुक्र कोरोना' या शुक्र करो ना, जो यह अवसर मिला। अतः पहले तो 'शुकर करोना' नाम से ही दो कविताएं पंजाबी में लिखीं जो लुधियाना के ऍफ़ ऍम रेडियो पर प्रसारित भी हुईं। फिर एक उत्साह जाग उठा कि क्यूँ न पंजाबी कविताओं का ही एक संग्रह तैयार किया जाए, और वह हो गया - 'लॉकडाउन' के नाम से वह प्रकाशित भी हो चुका है।

2005 में मेरी अंग्रेजी की किताब *Dare to be True* प्रकाशित हुई थी, और उसी टाइटल को सामने रखते हुए 'सतपुत्र भवः' की संकल्पना **दस साल पहले** की गई थी जिसमें लगभग वैसे ही सच्चे-सच्चे विषय शामिल थे, परन्तु यह काम अधूरा पड़ा था। इधर मैं 'लॉकडाउन' की कविताओं को हिंदी में भी प्रकाशित करवाना चाहता था तो इस तरह मुख्य-मुख्य पंजाबी कविताओं का पुनःसृजन हिंदी में करके उन्हें भी इस पुस्तक में शामिल कर लिया। हालांकि कुछ कविताएं मेरे पूर्व प्रकाशित काव्य संग्रह 'महानगर' से भी ली गईं हैं, परन्तु संकल्प से सिद्धि का यह उदाहरण है कि पिछले छह महीनों में अनेकों अच्छी-अच्छी कविताएं लिखी गईं

और यह संग्रह तेजी से पूरा भी हो गया। पुस्तक के अंत में, अपने पूर्वज कवि, फैज़ अहमद फैज़ की बहुचर्चित और विवादित कविता 'हम देखेंगे' का पुनः सृजन मैंने हिंदी में करने की कोशिश की है, और मुझे लगता है कि फैज़ यदि हिंदी में लिखते तो शायद वैसा ही लिखा होता, जो मैंने कहने की कोशिश की है, और यह मेरा उनके प्रति सम्मान है, श्रद्धांजलि है।

'सतपुत्र भवः' की संकल्पना के पीछे भावना यही है कि परमात्मा, जो सत है, हमें उसका पुत्र होना है, और 'परम-आत्मा' का पुत्र होना अर्थात 'आत्मा' होना। शरीर नहीं, जिसके आधार पर आजकल के धर्म और सम्प्रदाय निर्धारित होते हैं। परमात्मा क्योंकि सत है, और हम उसके बच्चे हैं, इसलिए हमें भी सत होने का प्रयास करना है, जिसमें शरीर का धर्म बहुत बड़ी रुकावट है, और हमें उससे बचना है - धर्म से सावधान!

बेशक सच कड़वा होता है, परन्तु मैं आशा करता हूँ कि **'सच के रंग-कविता के संग'** आपको पसंद ही आएंगे और आप काव्य-रास का आनंद लेंगे, जिसे विज्ञान की भाषा में 'एंडोर्फिन' कहा जाता है और यह एक ऐसा हार्मोन है जो हमें आराम, ख़ुशी, सकून, और आनंद की अनुभूति करवाता है। इस संग्रह की कविताएं गद्य भी हैं और पद्य भी, सत्यपरक भी हैं और तथ्यपरक भी, आलोचनात्मक भी हैं और आध्यात्मिक भी, कहानी मेरी भी है और आपकी भी, बात सरोकार की भी है और सरकार की भी, भावनाएं व्यक्ति की भी

हैं और समष्टि की भी, इसमें व्यंग्य भी है, विचार भी है। यदि साहित्य समाज का दर्पण है तो इस दर्पण में आपको समाज के विभिन्न पहलुओं की झलक मिलना स्वाभाविक ही है। कवि या लेखक समाज का अंग होता है, वह भी वैसे ही सोचता और अनुभव करता है जैसे कि आप; अंतर मात्र यह है कि वह शब्दों के रूप में इसे कागज पर उतार देता है। अनालू की बात न करना, अन्याय होगा। अनालू एक ऐसा पात्र है, जो एक विचार की तरह मेरे जीवन में आया, भीतर तक झंझोड़ कर चला गया, और अब इत्र की तरह महकता है मेरे ख्यालों में। अनालू ने जैसे मेरी भावनाओं और अभिव्यक्ति के मुहाने से कोई बड़ा पहाड़ हटा दिया हो, एक बांध का फाटक खोल दिया हो, क्योंकि उसके बाद अनेकों अच्छी-अच्छी और सच्ची-सच्ची कविताएं, एक के बाद एक, आती चली गईं, तो उसका आभार कैसे न करूँ? अनालू, तुम्हारा आभार।

मोहन भारती

1658, न्यू प्रेम नगर, लुधियाना

फोन: 09872813071

ईमेल: bhartimohanbharti@gmail.com

19 नवंबर, 2021(नानक जयंती)

अनुक्रमणिका

प्रार्थना

हे ईश्वर !

नहीं चाहिए क्षमा मुझे

अपनी गलती, दुष्कर्मों की

दंड मिले अनुभव मैं करूँ, और सोचूँ कि

तेरा न्याय अटल है - "जैसे को तैसा"

अच्छा, अच्छे कर्मों का फल, बुरा बुरे को मिलता

पक्षपात, न क्षमा कोई, सब अपना हक पाएं

रहे न्याय सदा ही तेरा ! रहे न्याय सदा ही तेरा !

लेखक तू है

राग मेरा - वैराग्य है मेरा।

दुनियादारी मैं क्या जानूँ

बस लिख डालूँ स्याह-सफ़ेद।

तुम कहते हो मैं लिखता हूँ, कुछ कहता हूँ

मैं तो सिर्फ कर्म करता हूँ

आज्ञा पालन समझ तुम्हारा

कलम चलाता जाता हूँ

और कुछ न कुछ लिख पाता हूँ

पर असली लेखक तू ही है

मैं तो कलम चलाता हूँ।

जब मैं लिखूंगा, सोचूंगा -

क्या लिखूं, और क्या न लिखूं

फिर सोचूंगा - लिखना, कहना

शोर मचाना, गला फाढ़ना, सब बेकार

मेरी अपनी पसंद नापसंद

और मेरे अपने संस्कार, या फिर मेरा अहंकार !

सबके अपने हैं आधार
दुनिया सारी लिए घूमती
अपनी ढफ़ली अपना राग !

इसलिए मैं लिखता नहीं,
सिर्फ कलम चलाता जाता हूँ
मैं तो केवल निमित्त मात्र हूँ
कवि तू है, कविता भी तेरी
तेरी रचना, तू रचयिता है
लिखता तू है - लेखक तू है
लेखक तू है।

सतपुत्र

मैं अब, वह कल्पना जीवी

दिवा स्वप्नों में रहने वाला कवि नहीं रहा

मैं जान गया हूँ - और मान गया हूँ

कि मैं सतपुत्र हूँ, सत मुझे भी होना है

और बात सत्य की करनी है

वह सत्य, जिससे तुम्हारे देवता भी भागते रहे हैं

और पूर्वज तुम्हारे नकारते रहें हैं।

स्वर्ग की लालसा में, मैं यज्ञ नहीं करता

मै योग करता हूँ - कर्म-योग।

मुझे मालूम है, कि मेरे पूर्वज

कहीं किसी श्राद्ध का इंतज़ार नहीं कर रहे

अपनी करनी वे तो भर रहे

मै भी, अपने कर्मो का फल

भोगने को तत्पर हूँ

किसी क्षमा का याचक नहीं हूँ मैं।

मेरा कर्मयोग ही तो कवच है मेरा

मैं भोग जो करता हूँ, इसलिए नहीं डरता हूँ

फिर क्यूँ मैं इच्छा करूं किसी श्राद्ध की -

इस लालसा में क्यूँ मरूं

कि मेरे बच्चे, मेरा श्राद्ध करेंगे

भरेंगे वे भी अपनी करनी, जो भी जैसा वे करेंगे

इसलिए, मैं श्राद्ध नहीं करता हूँ

ना ही, श्राद्ध की इच्छा करता हूँ।

मैंने पूर्वजों को नहीं देखा

जिन्हें देखा है, उनमें श्रद्धा रखी है

मेरी श्रद्धा ही उनके लिए श्राद्ध था मेरा

आज वे जहाँ भी हैं

उन्हें कोई श्राद्ध लाभ नहीं देगा

उनका मैं पुत्र था

अब मैं सतपुत्र हूँ, श्राद्ध-पुत्र नहीं।

तुम भी मेरा श्राद्ध मत करना

सतपुत्र होना - सतपुत्र भव: !

वह ईश्वर से नहीं डरता !

सुना है, वह ईश्वर से नहीं डरता !
बचपन से ही, उसे सिखाया गया था
'ईश्वर से डरा करो'
परन्तु, वह ईश्वर से नहीं डरता, पता नहीं क्यूँ?

वह ईश्वर से तब तक ही नहीं डरेगा
जब तक कि वह ईमानदार है
बेईमानी का स्पर्श, उसे ईश्वर से डरना सिखा ही देगा
क्योंकि यह तो वह भी जानता है
कि ईश्वर किसी को क्षमा नहीं करता
कर्मों का फल तो भोगना ही पड़ता है।

वैसे भी, यदि हम ईमानदार हैं तो ईश्वर से डरना कैसा
वह कोई तानाशाह है क्या?
ईश्वर हमें कुछ कहता है क्या?
वह तो हमें बताता है निर्भय होने का मार्ग
इसलिए तुम भी ईमानदार बनो
और कहो - "मैं ईश्वर से नहीं डरता"।

ईश्वर से डरना कैसा? उसे तो प्रेम किया जाता है

वह तो हमारा पिता है ना - परमपिता।

पुत्र पिता से डरता है क्या?

डरता है तो डरता क्यों है

कुछ ऐसा करता ही क्यों है?

तो क्यूँ न अपने कर्मों को सुधार लिया जाए

फिर चाहे कोई इंसान हो या भगवान

डरना और डराना छोड़ दिया जाए।

अपराध बोध जितना, उतना ही मनुष्य डरता है

उतना ही शीश झुकाता है

जितनी गर्दन अहंकार से अकड़ी होगी

उतना ही मनुष्य घबराता है

जड़-चेतन के आगे झुकता है

तो क्यों न ईमानदार बन जाएं

अपने कर्म सुधारे जाएं

न्याय तो कर्म अनुसार ही होगा

इसीलिए मैं कहता हूँ

डरिये अपने कर्मों से

और बचिए सब धर्मों से

ना डरें कभी ईश्वर से, और करें प्रेम ईश्वर से।

लॉकडाउन (एक)

वह समय लॉकडाउन का था।

खनिज बढ़ रहा था, व्यापार घट रहा था

हमने धरती को रुलाया ही था

और छीन-छीन खाया ही था

असीमित पानी बहाया ही था

कोरोना ने मानवता को श्वास दिया था

प्रकृति को भरपूर होने का मार्ग दिया था

वह समय लॉकडाउन का था।

नदियां निर्मल, सुजलाम, सुखी थीं

सागर शांत सुहाना था

प्रकृति भी धन्य हुई, वातावरण पुनर्जीवित हुआ था

मानवता को एक शताब्दी और मिल गई थी

मुंडेरों पर पक्षी चहकते थे, टटीहरी बोलती थी

कोयल 'कूक-कूक' कर

मीठे होने का संदेश दे रही थी

पशु-पक्षियों को लगने लगा था -

यह धरती उनकी भी है
अब मनुष्यों की 'मोलोपाली' नहीं रही
उनका प्रयाण अब शहरों की ओर होने लगा था
हमने तो उनके घरों में, अपना घर बनाया था।
गावों की शुद्ध हवा शहरों की ओर बहने लगी थी
प्रदूषण नामात्र था, पानी का स्तर भी ऊँचा था
स्वच्छ गगन था, मलयज शीतलाम शुद्ध पवन थी
वह समय लॉकडाउन का था।

मन सन्मुख अब होने लगा था
शांति की खोज आसान लगती थी
मानव, मानव के समीप आने लगा था
रिश्ते भी वह निभाने लगा था
स्वजनों का सुख आ रहा था
परिवार समय पा रहा था
वह समय लॉकडाउन का था।

नास्तिक ईश्वर के समीप आने लगे थे
आस्तिक कुछ और ध्यान लगाने लगे थे
बाबाओं का व्यापार ठप्प था

मंदिर, मस्जिद, गुरुद्वारों में भीड़ नहीं थी

भगवान नहीं मंदिर-मस्जिद में

सच सामने आने लगा था

घर में भी भगवान वही है, और वहीं है

लोगों को समझ यह आने लगा था

वह समय लॉकडाउन का था।

तालाबंदी ने रोक लिए, अब सड़कों पर जो मरते हैं

नशेबाजियां जो करते, अपराध घिनौने करते हैं

जो मरते खून-खराबों में

सब तालाबंदी ने रोक लिए थे

हर घर मंदिर सा बन गया

सब प्रार्थनाएं करने लगे

सदाचार की कसमें खाकर, याचनाएं करने लगे

अपनी जान बचाने को, अच्छे-अच्छे से होने लगे

वरदान का समय था

वह समय लॉकडाउन का था।

लॉकडाउन (दो)

दुनिया में भय बरपाया था

और नाम कोरोना रखवाया था

रुस्तम-से-रुस्तम भय में थे

न पास किसी के आते थे

डब्ल्यूएचओ के नाटक में, सरकारें सब नतमस्तक थीं

पर टीचर बन वह आया था,

और हमको सबक सिखाया था

और मैंने शुक्र मनाया था

वह समय लॉकडाउन का था।

अब लॉकडाउन जब चला गया

फिर मनुष्य अमानुष हो रहा

औकात पर अपनी उतर आया, हरकतें पुरानी कर रहा

कारों की रफ्तार वही, फिर दे हार्न पर हार्न है

शोर-शराबा, मैल मनों में, प्रदूषण भीतर बाहर है

है धर्म की दुकान वही, और उसके ठेकेदार वही

वही लोग, नेता वही, बेईमानी का व्यापार वही

न लेता साँस न लेने देता
फिर खेल रहा कुदरत से है
फिर लॉकडाउन एक बार करो न
इस मानव का एतबार करो न।

हर साल कोरोना न आए
पर लॉकडाउन तो ज़रूरी है
मजबूर करे जो सोचने पर
और फिर हमको मज़बूत करे
कि बचे थे तब, बचते ही रहें
और कुदरत के साथ रहें
ऐसे विचार, ऐसी शिक्षा का
स्वागत फिर एक बार करो ना
जिसने हमको दिया समय था
अपने भीतर तब जाने का
उन हालातों का शुक्र करो - शुक्र कोरोना
शुकर करो, फिर शुकर करो ना।

कोरोना काल

देश जेल में बंद था, हर घर एक बैरक थी
कोरोना आया था
उसने लॉकडाउन लगवाया था।

लोग अपनी सज़ा का 'लाइव टेलीकास्ट' देख रहे थे
कोरोना तो मस्त था, यह कोरोना काल नहीं था
कुछ करो-ना, कुछ भी न करने का काल था।

किसी की हिम्मत नहीं थी
कि पूछे कोरोना कहाँ था, और कहाँ नहीं था
लोगों ने कहा, यह चीन से मंगवाया था
हवा में, हवा के साथ ही आया था
पर यह तो अपना ही जाया था
मिलजुल सरकारों ने बनाया था
जिसका अस्तित्व दिमाग़ में था
शरीर तो सब थे ठीक हो रहे
जिस वायरस का इलाज नहीं था

उसका इलाज हो रहा था, प्रयोग हो रहे थे
लोग बीमारी से नहीं, इलाज से मर रहे थे
इलाज बीमार से भी भयानक हो गया था
लोगों का बुरा हाल था, कहते हैं कोरोना काल था।

दुनिया की शब्दावली बदल गई थी
नए-नए शब्द जुड़ रहे थे -
'सोशल डिस्टेन्सिंग', 'आइसोलेशन'
'हॉट स्पॉट', 'कन्टेनमेंट ज़ोन',
'सेनिटाइज़र', और 'मास्क'
'पी पी किट', और 'कोरोना योद्धा' जैसे शब्द
आम बोलचाल की भाषा में थे
अफ़वाहों का दौर था, डर का माहौल था
सच 'क्वारंटाइन' में था
सच-झूठ का सवाल था, झूठा कोरोना काल था।
लाखों की संख्या में टैस्ट हो रहे थे
लोग 'पॉज़िटिव' हो रहे थे
मीडिया 'गोदी' हो गया था, घर-घर 'मोदी' हो गया था
हमने ने तालियां बजाईं, और थालियां बजाईं
हमने फूल भी बरसाए, कि कोरोना चला जाए

जो आया नहीं था भाई, वह चला कैसे जाए

हमने और टैस्ट करवाए, लोग और घेरे में आए

'दो गज़ दूरी, मास्क है ज़रूरी'

पर लाभ न हुआ उसे भी

और बच ना सका 'बच्चन' भी

वह भी जाल में था फँस गया,

क्योंकि कोरोना काल था।

खांसने की मजाल किसी की नहीं थी

पर 'कॉलर ट्यून' सब की खांसी थी

लोग अस्पतालों में ठूँसे जाने लगे थे

भर्ती होने के लिए धक्के खाने लगे थे

बिस्तरों की कमी थी, डॉक्टरों के ठाठ थे

'योद्धाओं' का सम्मान हो रहा था

लोगों का अपमान हो रहा था

या कहो कि उनका घान हो रहा था

अंगों का व्यापार था, फार्मा इंडस्ट्री माला माल थी

डॉक्टरों को 'पॉजिटिव' किया जा रहा था

लोगों को डराया जा रहा था

कोरोना काल की शुरुआत थी

तो वायरस भी ज़रूरी था, और, यदि वह था तो
हर सांस में मजबूरी थी, और आस में एक दूरी थी
यही वह समय था
जब हर 'पॉज़िटिव' एक नेगेटिव था
ख़तरे की घंटी था, बबली थी या बंटी था
और सभी का यह हाल था।

'कोरोना काल' नहीं, कुछ और ही था
लोगों की सोच को मारा जा चुका था
वे भोले तो यह भी न सोच सके
कि हवा और रोशनी की कमी
वायरस को नहीं व्यक्ति को मारती है
पर फिर भी लोग मरते रहे, अस्पताल भरते रहे
और पुर्ज़ों में बिकते रहे
'आइसोलेट' होते रहे, 'इन्सुलेट' होते रहे
प्लास्टिक में वो लपेटे जाने लगे
और पैक वो होते रहे, यह हाल था
'महामारी' नाम का जाल था
'कुछ भी कहो ना' काल था।

किसी ने पूछा नहीं यह 'कॉन्टेक्ट ट्रेसिंग' क्यों
क्या यह मामले बढ़ाने का कोई साधन तो नहीं
वैक्सीन के चक्कर में
क्योंकि हर सौ तंदरुस्तों में भी
दस तो वैसे ही निकलने वाले थे 'पॉजिटिव'
यह टैस्ट का कमाल था
कोरोना तो सदा हमारे साथ था
ना कि 'कोरोना काल' था।

बीमारी नहीं, उसके इलाज से डरके
या मौत के बाद शरीर की दुर्गति का सोच के
आत्म हत्याएं होने लगीं थीं
स्वजनों का संस्कार भी करने की आज्ञा नहीं थी
मुर्दे में वायरस? मिसाल नई, नया सवाल था
सब बोले कोरोना काल था
पर ये भयानक जाल था।

यह कोई षड्यंत्र तो नहीं था?
महामारी कहां थी?
मरा तो, वही जो अस्पताल चला गया

ना लोग घरों में मरते, ना मरते थे सड़कों पर

फिर कहा महामारी क्यों

बाकी सब मौतें तो बंद थीं

हर 'फ़्लू' का नाम कोरोना था

हर मौत कोरोना के कारण, कुछ ऐसा खेल रचाया था

मौतें पहले भी होती थीं

पहले भी मरते लोग रहे इसी कोरोना के कारण

पर नामकरण अब हो गया था

नहीं कोरोना घातक था और रेट रिकवरी काफ़ी था

पर 'रियल टाइम रिपोर्टिंग' से

घर-घर में भय बरपाया था।

सूचना ने सोचने की शक्ति ही छीन ली थी

जानकारी जानलेवा साबित हो रही थी

विवेक और ज्ञान पर, विज्ञान भारी हो रहा था

'कॉमन सेंस' 'नॉनसेंस' बन गई थी।

धरती वैक्सीन की तैयार ही थी

बस बीज उसका लगाया था

और ख़बर वैक्सीन की मिलते ही

उलटी गिनती थी शुरू हुई

गिनती केसों की डाउन हो गई

मरी बीमारी, गई महामारी

या लोगों की मति थी गई मारी, कैसा यह बवाल था।

क्या यह कोरोना काल था?

नहीं कोरोना काल था, सच पूछो तो एक जंजाल था

जो चलना सालों-साल था

ड्राई वैक्सीन, ट्राई वैक्सीन,

'स्ट्रेन कोरोना', जाने क्या-क्या

और न जाने क्या-क्या होगा

अब यह भी बड़ा सवाल था

ना कि 'कोरोना काल' था।

जब लोग समझने लगे चाल यह

और वैक्सीन का आया सवाल

फिर धमकाया जाता था

कि डरो कोरोना आता था

'लहर-लहर' लाया जाता था

किश्तों में डराया जाता था

डर का यह व्यापार था

अरबों का कारोबार था

जहां चुनाव वहाँ नहीं कोरोना

नेता से डरता रहा कोरोना

देख रैलियां नेता की

वह बिल में कहीं छुप जाता था

हमको नेता से डरना है

उसकी चालों से बचना है

सब राजनीति की चाल थी

झूठा यह 'कोरोना काल' था

या कहो कि मायाजाल था।

मेरा क्या खोट

मैं आम आदमी हूँ, तो मेरा क्या खोट

मैंने तुमको वोट दी, और तुमने दे दी चोट

मैं तो किसी भी महामारी से बचने की शक्ति रखता था

यदि मुझे रोटी मिलती रहती

मेरा तो रिकवरी रेट सौ प्रतिशत था

जो तुम भी थे जानते और मानते

पर महामारी के नाम पर मुझे यातनाएं दी गईं

मुझे अपने ही घर में बंदी बना कर रखा गया

फिर मुझे डरा धमकाकर मास्क पहनाया गया

बिना यह सोचे कि इससे मेरा दम घुटता है

या मुझे दमा भी हो सकता है

मुझे ताज़ा हवा भी तुमने नहीं लेने दी

बार-बार वही, अपनी छोड़ी गई कार्बन डाईऑक्साइड

मैं छटपटा रहा था, तुम आनंद मना रहे थे

अपने महलों में बैठ कर

बस कभी-कभी, टीवी के सामने, फैशन के तौर पर

रंग-बिरंगे कपड़ों से तुम अपना मुँह ढँक लेते थे

या रोकने के लिए हँसी

कि देखो हमने लोगों को कितना मूर्ख बनाया है

पर, मैं तो निर्दोष था, मेरा इसमें क्या खोट

तुमने तो मेरी रोज़ी-रोटी ही छीन ली

मैंने फिर भी प्रमाणित किया

कि महामारी नहीं लाचारी है, जो मुझको है मार रही

फिर मैं सड़कों पे भटकता रहा, रेलों में धक्के खाता रहा

और तुम, मेरे ही टैक्स के पैसे से

ऐशो आराम का जीवन बिताते रहे

तुम्हारी मंदबुद्धि के कारण

मुझे तो बार-बार मरना पड़ा

और अपने लालच और स्वार्थ के कारण

देश ही तुमने बेच दिया, इस वैक्सीन के नाम पर।

कितने बेरोजगार हुए, कितनी नौकरियां चली गईं

तुमने अंदाज़ा नहीं लगाया होगा

पर मेरी जिंदगी बर्बाद हो गई

इसका उत्तरदायी कौन?

कोरोना तो बहाना था, तुमने कमाए नोट

मैं आम आदमी हूँ, तो इसमें मेरा क्या खोट

मैंने तुम को वोट दी, और तुमने दे दी चोट।

इतिहास

मैं इतिहास लिख रहा था

और तुम, उसे पढ़ने में असमर्थ थे

तुमने तो तलवारों और बंदूकों पर

कुछ नाम ही पढ़ना चाहे थे

या वे हाथ, जो इन्हें चलते हैं

तुमने तो योद्धा का सम्मान

और गणना लाशों की, की थी

पर अनाथ की चीख़ और सिंदूर विधवा का बन

इतिहास को तुम्हारे मैं अर्थ दे रहा था।

तुमने तो ताजमहल देखा

और शाहजहां का सम्मान किया था

सभ्यता की पहचान में, हस्ताक्षर माने

ये महल, अट्टालिकाएं, ये दुर्ग ये मीनार

लेकिन आज भी, इमारत की हर नींव में

पसीना मेरा ही बहता है

'पत्थर तोड़ती' मेरी ही अँगुली

निर्माण को तुम्हारे, अर्थ दे रही है आज भी

मैं आज भी इतिहास लिख रहा हूँ
पर तुम आज भी इसे पढ़ने में असमर्थ हो
क्यूँकि ज्ञान भाषा का तुम्हारा अधूरा है अभी
तभी तो तुम अक्षरों को तो अर्थ देते हो
मात्राएं सभी भूल जाते हो
मात्राएं तो श्वास हैं वर्णों का, जीवन इन शब्दों का
हलन्त और विसर्ग तो छोड़ो
तुमने तो इतिहास का भाषाविज्ञान ही बदल डाला
घटना-दुर्घटना के इस मंथन में
विष की भांति निकाल दिया गया मैं
और चुन लिया तुमने, वही जो तुमको भाता था।

इतिहास तो रचा ही जाता है
फिर वह चाहे तथाकथित कोरोना से मेरी जंग हो
शाहीन बाग़ हो, या दिल्ली की सीमा पर बैठे किसान
मैं कल भी इतिहास लिख रहा था
आज भी लिख रहा हूँ, मैं रुकूँ तो कैसे?
क्यूँकि इतिहास तो लिखा गया, लिखा जा रहा है
और इतिहास लिखा जाता रहेगा, अनंत काल तक
परन्तु अफ़सोस कि तुम
इसे पढ़ने में असमर्थ ही रहोगे युगों-युगों तक।

कवि का प्रश्न

मेरे कवि ने मुझसे पूछा - कौन हो तुम?

मैंने कहा - इंसान हूँ !

उसने कहा- क्या धर्म तुम्हारा?

मैंने कहा - मैं हिन्दू हूँ।

वह सोच में था पड़ गया

थोड़ी देर चुप रहने के बाद

उसने मुझे घूरा और कहा

सच बताओ, तुम इंसान हो या हिन्दू

यदि तुम्हारा 'धर्म' है कोई

तो तुम इंसान नहीं हो सकते

क्यूँकि इंसानियत तो

अपने आप में एक धर्म है।

उसकी यह बात सुनकर, मैं सोच में था पड़ गया

क्या 'धर्म' का आवरण ओढ़कर भी

कोई इंसान रह सकता है?

धर्मों ने तो हमें
इंसान और इंसानियत से दूर ही रखा है
क्या यह संभव है कि मैं इंसान हो जाऊँ
और आवरण 'धर्म' का उतार फेकूं
और 'हैश टैग' उतार डालूं
किसी भी 'धर्म' का होने का।

लेबल तो लगाना पड़ता है धार्मिक दिखने के लिए
न कि धार्मिक होने के लिए
धर्म तो धारण किया जाता है
इसे नाम-रूप में बांधा नहीं जा सकता
धर्म कोई दिखावे की वस्तु नहीं
इसे तो जीना पड़ता है
भीड़ के पीछे लग कर
या धार्मिक स्थानों में उसे पाया नहीं जा सकता
उसका मार्ग, धार्मिक परम्पराओं
या रीति-रिवाज़ों से होकर भी नहीं जाता
मेरे कवि का परामर्श है
कि 'धर्म' की पूंछ निकाल दी जाए
और इंसानियत का ताज पहन लिया जाए

धर्म धारण किया जाए
रहित, शरीयत और कर्मकांड,
आचार संहिता त्याग कर
सद्गुणों का मेकअप किया जाए
और एक इंसान हो लिया जाए।

मैं शहीद नहीं हूँ

मैंने एहसान नहीं किया था
फर्ज़ निभाया था अपना
'बेचारा' बना दिया तुमने
मुझे 'शहीद' कहकर।

मैं तो अपने बीवी बच्चों, और एक बूढ़ी माँ की खातिर
रोज़गार कमाने आया था
सुख-सुविधाओं के बदले
मेहनत बेचने का वादा किया था
मैं जानता था, काम थोड़ा खतरनाक है
पर बेरोज़गारी?
मरता क्या न करता
मैं मरना नहीं था चाहता
बस पेट था भरना चाहता
अपना, अपने परिवार का
मैं तो, अपना काम कर रहा था।

शायद तुम्हारी हीनता, तुम्हारी अकर्मण्यता
तुम्हें मजबूर करती है
कि तुम मेरे कर्तव्य को
मेरा बलिदान कहो, और मुझे शहीद !
शहीद तो वे सभी हैं, जो ईमानदार हैं
अपने कर्तव्य पथ पर
कर्तव्य-कर्तव्य होता है
इसे बलिदान कहना
मुझे अपमानित करना है।

मैं शहीद नहीं, ईमानदार बनना चाहता था
अपने कर्तव्य के प्रति, सो मैं बन गया
पर शायद, मुझे शहीद कहकर
तुम भी, 'शहीद' होना चाहते हो -
बिना लड़े ही, बिना मरे गुणगान शहीदों का करके।
देशभक्ति का अर्थ जाने बिना
कहलाना चाहते हो 'देशभक्त'
तुम देश भक्ति का दिखावा तो कर सकते हो
देशभक्त बन नहीं सकते
तुम्हारी देशभक्ति राजनीति है

नीति नहीं अनीति है।
सेना और सैनिक का इस्तेमाल करके
तुमने तो अपनी वोटों की रोटियां सेकीं हैं
मेरे बलिदान के नाम पर
तुमने विज्ञापन का व्यापार किया
प्रत्यक्ष या परोक्ष, लाभ तुम्हें ही मिलता है

बस करो अब, मेरा अपमान मत करो
वरना मैं तुम्हे, कभी क्षमा नहीं करूँगा
मैं शहीद नहीं, ईमानदार था, ईमानदार हूँ
यदि मेरा कोई सम्मान करना है
तो तुम भी ईमानदार बनो
मुझे मेरी सेवा का फल मिलेगा, तुम्हें तुम्हारी।
'अमर जवान ज्योति पर जाकर'

तुम 'अमर' नहीं हो सकते
क्योंकि, विष तो तुमने पिया नहीं -
कर्तव्य तो तुमने किया नहीं
अमर अगर होना है तो, विष पियो और फिर जियो
मेरे कर्म का भोग, मुझे ही मिलेगा, तुम्हें नहीं
मैं शहीद हूँ नहीं, तुम शहीद हो नहीं सकते।

निग्रह में विग्रह

मैंने देखा जब पृथ्वी को, तो हरियाली याद आई
अन्नपूर्णा - धरती मां की
सहनशीलता वह थी जाई।

अहम्-हीनता, तरल सरलता, और प्रवाह
रंगहीनता याद आई, जब मैंने देखा जल को
जिसमें थी तृप्ति असीम समाई।

जब अग्नि को देखा मैंने
चमकी लौ उजाले की - एक आशा की
और पाया धूमिल अंधकार, नहीं अहंकार
पाँव पसारे, तेज निहारे, छवि प्रकाश की याद आई।

जब जाना वायु को मैंने, उर्ध्व गम्यता याद आई
अपना ध्येय समझ में आया -
ऊपर उठना, भारहीनता, स्पर्श सुखद भी आया याद
और साँसों में जान समाई।

जब देखा मैंने आकाश - सर्वव्याप्त
बाहें फैलाए स्वागत करता, सृष्टिकर्ता
आकार दे रही वह गुणवत्ता, उसकी सत्ता
जो देती नहीं दिखाई।

जब मैंने देखा मानव को
पांच तत्व का बना यह पुतला
तो पांच तत्व, विद्रोही पाए
अपने अपने गुण सब भूले,
तत्वों का अपना चरित्र, उनकी विशेषता
लुप्त हो गई- 'सहनशीलता'
'परोपकारिता' 'तरल-सरलता'
'तृप्ति असीम' और 'ज्ञान-प्रकाश', तेज और जीवन
'स्पर्श-सुखद' सांसों में वास
हृदय विशाल, और वह असीमता,
सब कुछ दूर हुआ संगम में
निग्रह में विग्रह यह पाया
बात यह मेरी समझ न आई।

औकात

अपनी औकात से बाहर, जब भी मैं जाता हूँ

खुले आसमान पर, नज़रें दौड़ाता हूँ

चाहता हूँ जान लूँ, पहचान लूँ,

और मान भी लूँ - सत्य यह कि

धरती के आकार का

एक कागज़ का टुकड़ा हो

बिंदु एक लगा दें उस पर

तो धरती शायद बन पाए, इस पूरे ब्रह्मांड में।

इस धरती-से तारे कितने - कितने सारे ये तारे -

कहाँ है इसमें अपनी धरती?

धरती कितनी, कागज़ कितना

बिन्दु कितने कौन लगाए

इस धरती के जैसे बिन्दु।

इस असीम ब्रह्माण्ड में

यह धरती जैसे एक बिंदु है

फिर, इस धरती पर - कहीं दूर
अरबों की जनसंख्या में मैं
मैं भी एक बिंदु के जैसा।

मैं इनमें क्या, क्या नाम मेरा
यही सोचकर, आ जाता हूँ फिर धरती पर
खो जाता हूँ - अपने में
अपनी मैं में, अपनी धरती में
रुक जाता हूँ फिर धरती पर
देख सकूँ खुला आकाश
और जान सकूं अपनी औकात।

आगमन

आगमन के बाद तुम भी
महानगर में जाओगे
और डर है कि खो जाओगे
पर क्या सचमुच तुम खो जाओगे?

जब भी भीतर झांकोगे
तो अपने 'आप' को पाओगे
जो महानगर से बाहर तुमको
कहीं और ले जाएगा
और महानगर का आदमी
चिल्लाएगा - "बुद्धम् शरणम्......
पर क्या सचमुच जा पाएगा।

उस वीराने देश में जब
तुम मुझे सामने पाओगे
तो तुम स्वयं बुद्ध कहलाओगे -
"बुद्धम् शरणम् गच्छामि, धम्मम शरणम गच्छामि।
संघम शरणम् गच्छामि"..

अध्यापक

मैं एक अध्यापक हूँ 'टार्च बेयरर'
समाज का मार्गदर्शक ध्वजवाहक मूल्यों का।

मूल्य, जो मैंने नहीं बनाए
पर, अन्धानुकरण करता मैं
पहुँच गया हूँ एक ऐसे चौराहे पर
जहाँ मेरी टॉर्च निरर्थक है, व्यर्थ है
क्योंकि, चौराहे पर बड़ी-बड़ी सर्च-लाइट्स लगी हैं
और चारों तरफ लिखा है - सभी मार्ग सन्मार्ग हैं
विचलित सा मैं,चक्कर चौराहे के लेता
पर पहुँचता कहीं नहीं।

सदियों से चिल्ला रहा हूँ
'तमसो मा ज्योतिर्गमय'
कबीर, बुद्ध, नानक, और ईसा
सभी कुछ तो पढ़ाता हूँ
पर, वह सब तो साबित हुआ है

'जॉगिंग मशीन' - मेरा अहंकार
जिस पर सवार मैं दौड़ता तो हूँ
पर, पहुँचता कहीं नहीं।

जिसे ईश्वर की श्रेणी में रखा था
वही आज स्वार्थ पर सवार है
सरस्वती का पुजारी, आज लक्ष्मी का दास है
मैं जो मार्गदर्शक था
अब मार्गदर्शन चाहता हूँ
हे ईश्वर, मुझे राह दिखाओ
क्योंकि मैं अध्यापक हूँ
अँधेरे में नहीं रह सकता।

समाज की आँखें

मैंने समाज की आँखें, निकाल डाली हैं
जो गढ़ीं थीं मेरे भीतर
अब मैं अपनी आँखों से देखता हूँ
और सच देखता हूँ।

पहले मैं यह सोचता था
कि काश अंधा होता
तो खरा यह धंधा होता
आँखों का अभिशाप है, अब खोट दिख रहा है
पाखंड छूट रहे हैं, तो रिश्ते टूट रहे हैं
धुंध छंट रही है औपचारिकता और रस्मों की
यथार्थ नज़र आ रहा है, तो स्वार्थ दिख रहा है
उन आंखों का, जो मेरी नहीं हैं।

समाज की आँखों का
सच से सरोकार नहीं होता
अपनी आँखों का अनुभव, कभी बेकार नहीं होता।

आओ यारो, तुम भी
आँखें निकाल डालो इस समाज की
और देखो सच अपने भीतर
नंगा-चिट्टा कड़वा सच
देखो अपनी आँखों से
ना कि समाज की आँखों से।

समाज सच का नहीं
झूठ का साथी होता है
सच तो इसे दिखता ही नहीं
समाज अंधा है
क्यूँकि आँखें इसकी स्वार्थ की हैं
इन आँखों में पानी नहीं, पाखंड है
इनका निकाल देना ही बेहतर है
देखो न समाज की आँखों से
तुम अपने भीतर झांको
और देखो अपनी आँखों से।

महंगाई

हाय महंगाई ! हाय महंगाई !
मध्यवर्ग में हाहाकार।

एक ज़माना वह भी था
मेरी पत्नी और छह-छह बच्चे
साथ में थे बूढ़े माँ-बाप
मेरी तनख्वाह थी तीस रूपए
सादा खाते सादा पीते
हम सब सदा सुखी रहते थे
एक पजामा-कुर्ता मेरा, एक चप्पल की जोड़ी
चारपाई पर सोते थे
स्वच्छ हवा पानी था अपना
ए सी पंखे नहीं थे तब
खुली हवा में रहते थे
हम बड़े मजे में रहते थे।
आज है वेतन तीस हज़ार यानी कि आय हज़ार गुणा
पर क्या महंगाई भी हज़ार गुणा ?

बहुत झमेलों में पढ़कर अब
सुख-आराम हो गए जरुरत
और अय्याशी सुख-आराम
चारपाई पर नींद न आए, मुझे चाहिए डबल बेड अब
डबल बेड पर मोटे गद्दे, देते हों जो सुख आराम
फ्रिज, सोफे की बात पुरानी, मुझे चाहिए सब सामान
अच्छे से अच्छा मोबाइल, टीवी नहीं, एल ई डी यार
जूसर-मिक्सर, एसी, माइक्रोवेव, और कार
कपड़े नहीं साधारण होंगे, जब अब हैं ब्रांड अपार
चप्पल जूती नहीं चाहिए ब्रांडेड बूट मैं लूँगा यार।

दुनिया की इस चकाचौंध में
हमने ऊपर ही ऊपर देखा है
जितनी सुख-सुविधाएं ढूंढी उतना तनाव हमने झेला है
जितना पेट को पाला हमने, उतने रोग बढ़ाए हैं
नींद नहीं मांगी हमने, हमने तो बिस्तर चाहे हैं
सादापन हमने छोड़ा है, गाड़ी इसीलिए अड़ी है
कैसी देखो विकट घड़ी है
स्वाद जीभ के बढ़े हमारे, मोटापे की मार पड़ी है
कोस रहे हम महंगाई को, क्या ये गलती नहीं बड़ी है।

हम अधिकारी

अनुशासन से लेकर प्रशासन तक

सुख शांति से तनाव और अशांति तक

घर से लेकर घेरे तक

और शादी के फेरे तक

सफर किया या किया 'सफर' (अंग्रेजी में)

अब वो मेरे दोस्त कहाँ

या मैं ही उनका रहा कहाँ

जो मेरे थे मैंने छोड़े

उन सबने भी अपने छोड़े

हम सब आ कर एक हो गए

ना मैं उनका न वो मेरे

हम फिर भी हैं एक समान

हम अधिकारी हैं, हम अधिकारी।

अपनी समानता 'कागज़' की या स्याही की

कुछ शब्दों की, या ओहदों की, या नामों की

आई.ए.एस. या आई.पी.एस. या कोई और अधिकारी

जिलाधीश या कोई कलेक्टर,

अधिक-अधिक दूरी अपनों से

अपने, अपनों से बेज़ारी

एक ढोंगी सा जीवन जीते

ख़ाली-ख़ाली बाहरी-बाहरी

हम अधिकारी हैं, हम अधिकारी।

पावर जितनी पास हमारे, हम उतने पूअर - बेचारे

चारा नहीं है पास हमारे

करें इंतज़ार, रखें एतबार उनके रहमो-करम का

आका हैं जो आज हमारे

सुरक्षा के घेरे में भी हम अ-सुरक्षित

बदले न जाने कब मूड उनका, या सत्ता ही बदले

उखड़ जाएं जाने कब पांव हमारे

धरती हमारी छूट जाए कब

आ जाए जाने, कब बदली हमारी

हम अधिकारी हैं, हम अधिकारी।

अधिकारी तो नंबर दो हैं, अव्वल तो हैं सत्ताधारी

टिकी है जिन पर नींवं हमारी

सत्ता से हम डरते जितना

डरते नहीं असीम सत्ता से

जनता से सेवा करवायें

सत्ता की सेवा में जाएं

उन्हें मनायें उन्हें रिझायें

जनता को हम मूहँ न लगाएं

तभी वज़ूद अपना रख पाएं, और कहलाएं

हम अधिकारी हैं, हम अधिकारी।

शासन का हैं हम हथियार

सत्ता के हाथ चलाते हैं

हम आँख मीच चल जाते हैं

अपने पर ही, अपनों पर ही

अपने भीतर को चीरकर, और भेदकर

हम न्यायसंगत कर पाते हैं

हस्ती अपनी हँसते-हँसते

सत्ता के पुर्ज़े बनकर हम

न्याय कानून सब चट कर जाएं

हम अधिकारी हैं, हम अधिकारी।

'योगक्षेम' तुम वहन करोगे

यह वहम तुम्हारा था कृष्णा

हम जो चाहे पा ही लेंगे

तेरी लक्ष्मी, तेरी माया से

जो हम चाहें वह रहे हमारा

इसका भी हम ही देखेंगे

चाहे जहाँ हम फिट हो जाएँ

जब तक चाहे टिकें वहीं पर

यह माया का खेल है प्यारे।

इस सत्ता-शासन के खेल में हमने

पाया कुछ, बहुत कुछ खोया

अहम पाया, स्वयं गँवाया

आराम मिला, धन-धान्य मिला,

दया भी गई, धर्म भी गया

इंसानियत का तो नाम नहीं

आचार गया व्यवहार गया

न जाने क्या क्या और गया

रह गया तो केवल ये अधिकारी

हम अधिकारी हैं, हम अधिकारी।

साहस

सच होने का कर तू साहस
और मौत को गले लगा ले तू।

ये बात नहीं है बड़ी कोई
शमशान में जाकर ये कहना
कि कोई भरोसा नहीं जीव का
ये बात नहीं है बड़ी कोई
कि शोक सभा में जाकर मैं
दिखने लगूँ सच्चा-अच्छा
या अस्पताल में जाकर
मेरे भीतर दया भाव आ जाए
कमाल तो तब है जब
शादी के समय शमशान याद रहे
व्यापार के समय ईमानदारी
सड़क पर सब का ध्यान रहे
दफ्तर में दिखने लगे आदमी
न कि मजबूर शिकार

बड़ों से मुझको मिले प्यार

और छोटे दें मुझको सत्कार

मेरे पद से डरकर कोई

आदर का न ढोंग करे

अफसर की है तभी अफ़सरी

जब सब दिल से प्यार करें।

सच बोलने की बात नहीं

है बात ये सच होने

सच कोई बोले न बोले

पर सच होना सबको चाहिए

लोगों के अवगुण भूलकर

गुण अपनों को तोल

सच होने का कर साहस

सच बोल या न बोल।

सेवा या राज

तुम क्यों नहीं पढ़ते, दीवार पर लिखा
लोग तुम्हें बख्श देंगे, दे देंगे क्षमादान
पर देखना, चालाकी न कर बैठना - वोट मत मांग लेना
तुम्हें तो वोटों के लिए अपने आपको गढ़ना है
और शीशे में मढ़ना है वह अक्स
जिसे देखकर लोग तुम्हें वोटों से शृंगार दें।

सेवादार भिखारी नहीं होते
और मांगने वाले कभी सेवा नहीं कर सकते
लोगों की भावनाओं को समझो
उनकी आशाएं पूरी करो, दुख दर्द उनके दूर करो।
सेवा यदि करनी ही है
तो हाथ क्यूँ जोड़ते हो, खर्चे इतने क्यूँ करते हो
सेवा जिसने लेनी होगी ले लेगा
वरना तुम आनंद करो
तुम पीछे क्यूँ पड़ जाते हो, लड़ते झगड़ते क्यूँ हो
गठजोड़, सौदेबाजी, और लोगों को भटकाना
सेवा के लिए, या राज चाहिए।

दुःख या स्वार्थ

दुःख और परेशानी, दोनों मतलब के जाये हैं
जितना-जितना स्वार्थ किसी से, उतना-उतना मेरा दुःख
यह मेरी उम्मीद ही है
जिसका आधार, कोई न कोई है स्वार्थ मेरा
जब उम्मीद नहीं पूरी होती
होती परेशानी, दुख होता है।

फिर मौत का दुःख !
दुःख मौत का भी तो स्वार्थ का ही जाया है
जो सब के लिए अलग होता है
अलग-अलग लोगों को, अलग-अलग मौत का
अलग-अलग दुःख
मैंने ठीक कहा न?

बेशक अंत नहीं है, मौत तो एक घटना है
एक छोटा सा हिस्सा है उस अंतहीन नाटक का
जिसके हम सब पात्र हैं।

पर कौन मरा, और मरा कहाँ
क्या लगता था मरने वाला
यह निर्धारित करता है कि मौत का दुख होगा कितना।

सात समंदर पर से जब
कोई खबर मौत की आती है
तो दुःख नाममात्र होता है वह समाचार है, सूचना है
पर जब कोई मरता देश में, थोड़ा सा कुछ होता है
जो हुई मौत प्रान्त अपने में, दुःख की हवा सी लगती है
पर अपने शहर मरे जब कोई
तो पास से दुःख गुज़रता है
यदि कोई मरे पड़ोसी, तो दुःख की लहर सी आती है
पर गया कोई अपने घर से
तो दुःख का पता सही लगता
दुःख और लगे जब जीवन साथी
साथ किसी का छोड़ता है
मौत तो फिर मौत है
दुःख अलग-अलग क्यूँ होता है?
मतलब का सारा खेल है प्यारे
प्यारा काम नहीं है, चाम, यह भी तो लोग ही कहते हैं
मैंने ठीक कहा न ?

लोगों का धर्म

लोग धार्मिक दिख रहे हैं
पर, धर्म आज अ-धार्मिक हो गया है
लोग ईमानदार दिख रहे हैं
पर ईमान आज बेईमान हो गया है।

लोगों का दोष नहीं है
लोग तो पहले भी अंधे थे, वे अब भी अंधे हैं
दिखना तो आज के 'धर्म' को बंद हो गया है
धन-दौलत और मान-सम्मान की चकाचौंध में।

यदि 'धर्म' ने अपनी भूमिका ढंग से निभाई होती
राज तो अपने आप, ठीक हो ही जाना था
राजनीति तो अपने आप, सुधर ही जानी थी
राजनीति के मारे, इस आधुनिक धर्म ने
और धर्म के ठेकेदारों ने
अपना धर्म निभाया ही नहीं
लोगों को मार्ग दिखाया ही नहीं

और बिगड़ गया चरित्र लोगों का।

'धर्म' तो स्वयं वाम मार्ग पर चल दिया

विकारों की अगन सह न सका और ढह गया

फिर उस पर सवार होकर

राज और राज नेताओं ने ताण्डव किया

विकारों की अग्नि में

मनुष्यता धूं-धूं करके जल रही

कोई क्या कर सकता है

जो करना है तुमको करना है।

जड़ तो जड़ता है, आज के धर्म का नाकारापन है

'धर्म' 'अर्थ 'के पैरों में पड़ा है

'काम' 'मोक्ष' को नाक चिढ़ा रहा है

ईसा, बुद्ध, कबीर, और नानक

सब ने ज़ोर लगाया था

अब तो इनका बाप ही आए और आकर मार्ग दिखाए

मानवता उदास बैठी है, इस आशा में कि वो आए

यदा यदा हि धर्मस्य .... ।

हिन्दी

मैं हिन्द की बेटी हिंदी हूँ
भारत के माथे की बिंदी हूँ
मैं ज्ञान की भाषा हिंदी हूँ
विज्ञान की भाषा हिंदी हूँ।

बंगाल की भाषा हिंदी हूँ
महाराष्ट्र की भाषा हिंदी हूँ
यूपी, ऍमपी में मेरा राज चले
मैं बिहार की भाषा हिंदी हूँ।

मेरा जन्म सभ्यता साथ हुआ
वेदों में मेरा वास हुआ
मैं आज की भाषा हिंदी हूँ
मैं समाज की भाषा हिंदी हूँ।

मैं संस्कृत माँ की जाई हूँ
कहीं बाहर से नहीं आई हूँ
विद्वानों ने मुझे खड़ा किया

पंजाब ने भी मुझे बड़ा किया
चाहे राज मुझे ठुकराता हो
मैं राष्ट्र की भाषा हिंदी हूँ।

अपनों ने मुझे ठुकराया है
गैरों ने मुझे अपनाया है
पूत कपूत हो जाए भले
विमाता नहीं मैं माता हूँ।

राजनीति अपवाद रहे
भाषाओं पर भी विवाद रहे
जन जन की भाषा हिंदी हूँ
मैं कमाल की भाषा हिंदी हूँ।

मैं यू एन ओ भी जाउंगी
और सबको ये बतलाऊँगी
भारत की भाषा हिंदी हूँ
मैं विश्व की भाषा हिंदी हूँ।

राजनीति का महाकाव्य

आज की नीति - 'राजनीति'

मेरी नीति, तेरी नीति,

उनकी नीति, सबकी नीति - 'राजनीति'।

धर्म की नीति 'राजनीति'

अधर्म की नीति 'राजनीति'।

कर्म की नीति 'राजनीति'

अकर्म की नीति 'राजनीति'

इंसान की नीति 'राजनीति'

शैतान की नीति 'राजनीति'

भगवान की नीति 'राजनीति'

राज करो इंसानों पर, या राज करो हैवानों पर

वोट की नीति 'राजनीति'

राज करो इच्छाओं पर

या करो राज वासनाओं पर

हर नीति है 'राजनीति'

बस राजनीति है 'राजनीति'।

राजनीति अनीति है, भोग नीति है, लूट नीति है

स्वयं से सरोकार है, बस यही सरकार है।

एक साधारण सा आदमी

कवि से भी है पूछता

किस वाद, किस धारा के हो

किस ग्रुप के हो, किस दल से हो

हर कोई इस अनीति का अंग है

हर अंग-संग है ये नीति

'राजनीति', जो है अनीति।

जब मुझसे यह पूछा गया

क्या राजनीति ही कविता है

व्यवस्था है, व्यथा भी है

क्या और नहीं कोई काव्य विषय

विषय अछूते राजनीति से !

क्या ऐसा कोई विषय नहीं।

बस यही विषय बन गया

इस राजनीति के महाकाव्य का।

अदालत और इंसाफ

अदालतें लोगों के लिए हैं, ये वहम है
अदालतों के लिए लोग, ये सच है।

लोग अदालतों के धक्के खा भी रहे हैं
अदालतों को धक्का लगा भी लगा रहे हैं
उन्हें चला भी रहे हैं
रोज़ी रोटी चलती रहे कुछ लोगों की
लोग कमा रहे हैं, वो खा रहे हैं
अदालतें लोगों के पैसे पे पलती हैं
ये दुकानें ऐसे ही चलती है।

लोग अदालत आते हैं, इस आशा, इस उम्मीद से
कि हक मिले इंसाफ मिले
पर इंसाफ की उम्मीद, अदालत से करना
अंधे के आगे रोना है, अपने ही दीदे खोना है
लोग इंसाफ मांगते हैं, पर मिलती तारीख है
'तारीख पे तारीख'।

लोग जज से सवाल नहीं करते
नियम नहीं, कर नहीं सकते
फ़ीस देने के बाद भी, वकील से डरना पड़ता है
अगर केस पलट दिया तो
मिलती फिर भी तारीख है, यही इंसाफ है
अदालतों का कारोबार पेचीदा होता है
या, कर दिया गया है
ताकि लोगों को कोर्ट आने से रोका जा सके।

जज इंसाफ नहीं करते, फैसले सुनाते हैं
लोगों का यह मलाल है, जजों का भी यही ख्याल है
लगता है ऐसे जैसे, अदालतों से दूर रखने की
यह कोई गहरी चाल है
इंसाफ यदि मिलता ही रहा, इतनी आसानी आराम से
तो लोगों की उम्मीदें, और भी बढ़ जाएंगीं
अदालतों को काम करना पड़ेगा, और जजों को मेहनत।
'जस्टिस डिलेड इज़ जस्टिस डिनाइड'
कहावत मात्र नहीं है, कड़वा सच है यह तो
जिसे इंसाफ देने वाले मानते नहीं हैं
उनका तो कहना है

'जस्टिस डिलेड इज़ जस्टिस डिलिवर्ड'।

अदालत से इंसाफ की दूरी

दलील नहीं अपील तय करती है

यह अपील भी लोगों को, जलील ही करती है

क्योंकि, अदालत का फैसला पलटने का मतलब ही है

की निचले जज ने वह काम नहीं किया

जो उसको करना चाहिए था

पर उसका कोई दोष नहीं

वो सच्चा है, वह जज है

उसे सुनाए सजा कौन, गलत फैसलों के लिए।

दोष तो लोगों का है

जो अदालतों को इंसाफ का मंदिर समझ बैठे हैं

इंसान से इंसाफ का जो फासला है

यही तो असली मसअला है।

हाई कोर्ट में तो बुरा हाल है

प्यासे को पानी जैसे

वैसी ही आस लगी रहती है

अब आई बारी, कि अब आई, सालों साल खड़ा रह भाई

सालों साल केस नहीं लगते

सालों साल न होती सुनवाई

जीवन के सफर से लम्बा यह इंसाफ का सफर है

सफर नहीं हिंदी में, यह अंग्रेजी का 'सफर' है

इंसान से इंसाफ की दूरी, बस यही इंसाफ है

बात तो बिलकुल साफ़ है।

इन जजों के रहम पर, ये जनता है सारी

मारी गई बेचारी।

अदालत के ऊपर भी, राजनीति है भारी

उनकी मर्ज़ी वाले केस तो

रातो-रात निबट जाते हैं

क्यूँ न करे खुदकुशी कोई

और क्यूँ न हो लाचारी

यह कैसा इंसाफ है, यह कैसी ईमानदारी

इस सिस्टम की मारी, है जनता बेचारी।

न्यायपालिका स्वतंत्र है, यह वहम है

सरकार न्याय पर हावी है, यह सच है

'न्याय की *मूरत*' ही जब मीडिया के आगे पेश है

अपना अस्तित्व बचाने को
सरकार काम नहीं कर करने देती, ये सच है।

केस लोगों के नहीं, 'उन लोगों' के सुने जाते हैं
केस जनता के नहीं, आका के सुने जाते हैं
जितनी जनता से दूरी, केस उतना ही जरूरी।

न्यायपालिका सर्वोच्च है, यह वहम है
इससे भी ऊँचा मीडिया, यह सच है
फिर मीडिया भी आ गिरा, गोदी में जब
अब कौन है स्वतंत्र, और कौन सर्वोच्च है
ऊँचा प्रधानमंत्री, और वही तो सर्वोच्च है।

है लोकतंत्र भारत में, यह वहम है
भारत में राजतंत्र है - यह सच है, यही सच है।

सच की लड़ाई

सच बोलते हो, सच की उम्मीद रखते हो
सचमुच तुम कितने अच्छे हो, कितने सच्चे हो
मैं सच कहता हूँ, सच की उम्मीद भी करता हूँ
सच बताना, क्या तुम
सचमुच सच की उम्मीद रखते हो?

सच ! सच ! सच ! सच है क्या ?
सच मीरा है, सुकरात है सच
सच शिव है, और सच विष भी है
सच गीता है, कुरान है सच
सच कबीर, सच नानक है
सच ब्रूनो, बुल्ले शाह है सच
मंसूर है सच, सच ईसा है।

बाग़ी होना, सच्चा होने की पहली शर्त होती है
समाज के साथ रहकर, इसके नियम मानते हुए
कोई सच्चा होता है क्या ?

सच की लड़ाई, यहाँ कौन लड़ता है

अपनी लड़ाई है, हर कोई लड़ता है

लड़ाई है स्वार्थ की, लालच की, अहंकार की

दावा जो करते हैं, सांझी लड़ाई लड़ते हैं

सब की लड़ाई है नहीं, सच की लड़ाई है नहीं

एक जाति की, एक धर्म की

एक दल की या फिर बल की है

या कुर्सी की है राज की

या कभी कभी फिर देश की, या प्रांत की

पर सच की लड़ाई है नहीं।

अपनी-अपनी डफली, अपना-अपना राग है

हर लड़ाई का सच अपना है, बाकी तो सब सपना है

जो मेरी है, वो पराई है

अपनी-अपनी लड़ाई है, है झूठ की फरेब की

और अपनी-अपनी जेब की

जो स्वार्थ है वह अपना है, औरों के लिए वह सपना है।

सच शब्द नहीं सच अर्थ नहीं

सच स्वार्थ नहीं निस्वार्थ है सच

अब बोलो, क्या तुम इतने सच्चे हो

उम्मीद जो सच की करते हो?

माँ

माँ, तुमने तो कहा था

मैं सब समझ जाऊंगा, बड़ा जब हो जाऊँगा

पर, या तो मैं बड़ा नहीं हुआ

या दुनिया ही सिकुड़ गई

देखते ही देखते, धरती टुकड़ों में बँट गई

मैं तो वहीं खड़ा हूँ

यह दुनिया आगे निकल गई।

खतरनाक होती हैं, ये लाल आँधियाँ

बचपन में, ऐसी ही आँधियों को देखकर

तू मुझे, अपनी बाँहों में ले लिया करती थी

और मैं सिसकता और सोचता था

कि मैं बड़ा होऊँगा

और सब समझ जाऊँगा।

आज फिर, चारों तरफ धूल उड़ती है

कागज़ के पुतले, हथियार ही हथियार

अँधेरा, बरसात, खौफनाक आवाज़ें
ये क्या हुआ ! धरती लाल हो गई
खून बरसा है कहीं।

माँ, मुझे क्षमा करना
अब मैं बड़ा नहीं होना चाहता
कुछ भी अब तो, समझना नहीं चाहता
क्यूँकि पागल नहीं होना चाहता, मेरा बचपन
माँ, मुझे फिर अपनी बाँहों में ले लो
मैं तो बच्चा ही भला, अनजान ही भला
मैं और बड़ा नहीं होना चाहता
कुछ भी अब तो समझना नहीं चाहता
मेरा बचपन अबोध ही भला
माँ की गोद में भला।

महानगर

विकास की मांग है, हर गांव शहर बन जाए
और शहर सारे ही महानगर।
ऊँची-ऊँची इमारतें, चौड़ी-चौड़ी सड़कें
अस्पताल, स्कूल, सिनेमाघर
पार्क, होटल और मॉल, क्लब और रेस्टोरेंट
कितनी उन्नति, कितनी शान
कितनी सहूलियत, सुख-आराम
रोशनी ही रोशनी, कारें ही कारें।

पर, शहरों को शहर, और महानगरों से जोड़तीं
इन सड़कों और रेल पटरी किनारे
गन्दी बस्तियां और कूड़े के ढेर
बयान करते हैं विकास का सच
झुग्गी-झोपड़ियां, चीथड़ों में लिपटे लोग
महानगर के मलबे में,
किस्मत के सर्टिफिकेट बटोरता, वह भविष्य
जिसे हम बचपन कहते हैं।

ऐसे ही बचपन को

दूध पिलाती

मुश्किल से अपने शरीर को ढकती

वह अबला वह नारी

मन गोरा है जिसका

मगर खुद है काली

नगर और महानगर की जो है रखवाली

वह शक्ति, वह दुर्गा, वह चंडी, वह काली

इन नगरों, महानगरों की

जो है सृजनहार

वही विकास से वंचित

वही सुख से खाली

नगर और महानगर के मुँह पे है गाली

यह महानगर है जाली।

एकलव्य

द्रोण को तो मोह, अपने शिष्य का था
तुम तो अपने पाश में ही बंध गए
यश के चक्कर में कहाँ तुम फँस गए।

नज़र में तुम्हारी आज मैं
पात्र नहीं कुछ भी पाने का
पर, मैं ही अर्जुन को तुम्हारे मात दूंगा
तुम मुझे फिर शिष्य भी कहने से वंचित ही रहोगे
मेरी अवहेलना, होगी तुम्हारी ही अवहेलना
शर्मिंदगी तुमको मिलेगी।

अपना कुछ भी दे सको, तुम मुझे विरासत में
यह मर्ज़ी नहीं तुम्हारी, अधिकारी है मेरा
जिसे मैं जैसे तैसे पा ही लूंगा
पर याद रखना, मैं एकलव्य नहीं हूँ
दूंगा तुम्हें गुरु दक्षिणा जो
इसलिए ये गलती भी दोहराना न तुम ।

बेशक मैं आज

योद्धा नहीं हूँ तुम जैसा

यह मुझे एहसास है

पर मेरी साधना तो रंग लाएगी

मुझे विश्वास है

तुम गुज़र जाओगे अपने

अहं प्रतिष्ठा और शोहरत साथ लेकर

पर मैं तुम्हारे पीड़ितों को

एकलव्य सभी आने वालों को

ज्ञान सारा दे चलूँगा

क्योंकि कल मेरा है

कल एकलव्य का है।

मातृभूमि

क्या कहा? देश! मातृभूमि! राष्ट्र, और राष्ट्रवाद।

किस मातृभूमि की बात करते हो?

किस महान देश का राग अलापते हो?

जंग नहीं होती समाधान

फिर धरती के टुकड़ों पर लड़ना

क्या इसमें जन की है शान

क्या होता इससे देश महान

नहीं मित्र, रोगी हैं ये तो, रोटी, कपड़ा, मकान के

भूख तुम्हें सीमाओं की, बीमारी सभ्य जान की ।

जब मैं जंगल में रहता था

तो नहीं मैं ऐसे लड़ता था

मेरी अपनी लड़ाई थी, अपने ही लिए मैं लड़ता था

जब से समाज में मैं आया

एक जाल सा मैंने पाया

अब तो मैं कठपुतली हूँ तुम बोलो और मैं लड़ता हूँ।

सीमा मेरी, घर मेरा है, तुम उसको बचा नहीं सकते

फिर क्यूँ मैं लड़ूँ उस सीमा के लिए

जो किसी और का घर है, या किसी और की सीमा है।

साझी धरती, साँझा पानी, पवन एक, गगन भी साँझा

ना रोक सके सीमा कोई, ना ही ये बाँटे जा सकते

ना ही लड़ते जीव यहाँ, ऐसे जैसे तुम लड़ते हो

क्यूँ लड़ते मनु-पुत्र होकर, क्यों बाँट रहे धरती को तुम

माता धरती को कहते हो, तो सबकी है मेरी-तेरी

मातृभूमि का कहाँ है नाप, धरती के लिए लड़ना है पाप

एक सेना के जो 'शहीद' हुए

दूसरी के लिए वो 'मार गिराए'।

देश या मातृभूमि, जमीन का टुकड़ा नहीं होता

ये तुम जानते हो

पर तुम यह नहीं जानते कि, मैं भी यह जानता हूँ

देश हिन्दू या मुसलमान नहीं होता

पर तुमने तो कमाल कर दिया

नफरत का मतलब राष्ट्रवाद, राजा की भक्ति देशभक्ति

तुमने तो राष्ट्र की परिभाषा ही बदल दी

इसे जाति, धर्म, प्रांत और भाषा में बाँट दिया

मानव को मानव से काट दिया।

बलि

सुना है बलि मनुष्य की तो, कानूनी अपराध है
पर क्या तुम उचित नहीं ठहराते, सामूहिक बलि को जब
बहुमत की पट्टी, कानून की आँखों पर बांधकर
सेनाएं एकत्रित करते हो, और सुरक्षा के नाम पर
लोगों को मारने का ठेका ही दे देते हो।

तुम्हारे हाथ में कलम थी
पर किसी ने इसे तलवार कह दिया
तुमने छाती चौड़ी कर ली
और तुम फूले नहीं समाए
नए-नए कानून बनाए, नियम बनाए
अब तो तुम एसी कमरों में बैठकर
वही कलम घिस देते हो
और नाम बदलकर, रूप बदलकर
बलियां असंख्य ही देते हो।

कभी सुरक्षा देश की
कभी शांति सेना का नाम
या फिर कभी संयुक्त राष्ट्र की, स्याही लगाकर
तुम लिख देते हो कोई न कोई बलि-पत्र।

काश ! तुम्हें न आया होता
पढ़ना, लिखना, कलम पकड़ना
जब से तुम अपनी जड़ों से दूर हुए हो प्राणी
और मनुष्य कहलाया है
यह सभ्य 'समाज' पाया है
एक बलि को छोड़कर
बलियां असंख्य ही देते हो ।

दादी माँ

मुझे याद है गाँव जहाँ
रहती थी मेरी दादी माँ, रहती थी तेरी दादी माँ
रहती थी अपनी दादी माँ, रहती थी सबकी दादी माँ।

नहीं दाग था चाँद में तब, जैसे यह दुनिया कहती थी
एक सुनहरी बालों वाली बुढ़िया उसमे रहती थी
वह चरखा कातती रहती थी
अपनी दादी यह कहती थी, सबकी दादी यह कहती थी।

सांझे थे अपने धूप-छाँव, बारिश भी अपनी सांझी थी
और प्रेम की नदिया में अपनी
कागज़ की कश्ती बहती थी
पानी में ना भीगो बच्चो, दादी ये भी कहती थी
अपनी दादी यह कहती थी, सबकी दादी यह कहती थी।

माटी का घरौंदा वह अपना, जो कभी बनाया था हमने
गुड्डा जिसमें मैं रहता था, गुड़िया जिसमें तू रहती थी

और मामा अपना चंदा मामा, दादी यह भी कहती थी
मेरी दादी माँ कहती थी, तेरी दादी माँ कहती थी
सब की दादी माँ कहती थी।

कल सपने में दादी आयी
उसने तुम्हें आवाज़ लगाई
कहाँ गया वह तेरा बचपन, कहाँ गए तेरे साथी
दादी अब यह कहती है
जागती है न सोती है।

अब तो दादी बस रोती है, और कहती है
कि चाँद पे बुढ़िया जो रहती थी
अब वह भी रहती नहीं वहाँ
वह बुढ़िया भी डरती है अब
कहीं चाँद पर जंग शुरू ना हो जाए
उसका चरखा कहीं मशीनों में ही ना खो जाए
चिंता बुढ़िया को रहती है।
अब चाँद पे तुम भी जाना मत
दादी अब यह कहती है
धरती वालों की आदत से उसे भी चिंता होती है।

दादी तो सोचती रहती है

पर मुँह से कुछ न कहती है

साँझी बातें रहीं कहाँ

अब धुआँ क्षितिज में पलता है

धूप धूप को बढ़ा रही

और छाया छायी घनेरी है

बात गई बरसातों वाली, नफरत में सब भीग रहे

कागज़ की कश्ती भी अपनी

जंगी बेड़ों में डूब गई

मिट्टी का घरौंदा ढेर हो गया

उसपे एक महल बनाया है

अब ना कोई गुड्डा रहता है

ना ही कोई गुड़िया रहती है

खुली नींद और सपना टूटा दादी माँ भी मौन हो गई

अब ना बुढ़िया, ना चंदा मामा

ना ही वह अपना बचपन

अब ना ही मैं कुछ कहता हूँ

ना दादी ही कुछ कहती है

बस तुम्हें पूछती रहती है

और मुझे घूरती रहती है ।

धरतीपुत्र

जय हो धरतीपुत्र किसान तेरी जय हो
देता सबको जो अन्न-दान, तेरी जय हो !

भोजन मिलता तेरी मेहनत से, मेरे खून में तेरा पसीना
जन-जन के जीवन दाता, तेरी जय हो !
जय हो धरतीपुत्र किसान, तेरी जय हो !

जनम अनाज को देते हो, और जनक जवान के हो तुम
भारत माता के लाल, लाल तेरी जय हो
जय हो धरतीपुत्र किसान, तेरी जय हो !

जो धारण धीरज को करता, जो इंतज़ार करता लम्बा
सहता हर मौसम के घात, क्यों न तेरी जय हो
जय हो धरतीपुत्र किसान, तेरी जय हो !

लड़े बार-बार, माने न हार, संघर्ष से तू न डरता
तू है किसान, तू ही जवान, फिर क्यों न तेरी जय हो

जय हो धरतीपुत्र किसान, तेरी जय हो !
देश पे जब भी संकट आया, तूने अपना कर्तव्य निभाया
तुमने कर दिया कमाल, सदा तेरी जय हो
जय हो धरतीपुत्र किसान, तेरी जय हो !

सत्ता हो या सत्ताधारी, या हो कोई अत्याचारी
तू निडर, डगर पे बढ़ता जाय, तेरी जय हो
जय हो धरतीपुत्र किसान, तेरी जय हो !

नसल फसल की रक्षा में, तू खुद हो रहा शहीद
कर रहा है तू संग्राम, अजय, तेरी जय हो
जय हो धरतीपुत्र किसान, तेरी जय हो !

आ जाएं आँधियाँ कितनी भी, पर विजय तेरी ही होगी
यह देश है तेरे साथ, सदा तेरी जय हो
जय हो धरतीपुत्र किसान, तेरी जय हो !

लाल है धरती माता का, तेरी माँ महान तू भी महान,
अपने स्वमान, धरती के मान, तेरी जय हो।
जय हो धरतीपुत्र किसान, तेरी जय हो !

ना तू सिख ना हिन्दू है, ना ही है तू मुसलमान
तेरी जात है इन सबसे महान, तू है किसान तेरी जय हो
जय हो धरतीपुत्र किसान, तेरी जय हो !

'सत्यमेव जयते' का उदाहरण, जो कहा वो करके दिखाया
योद्धा है तू जीत गया, तुझको सलाम, तेरी जय हो !
जय हो धरतीपुत्र किसान तेरी जय हो !

'जन गण मन अधिनायक' तुम हो 'भारत भाग्य विधाता'
हो राष्ट्रगान अन्नदाता, जय हो! जय हो! तेरी जय हो!
जय हो धरतीपुत्र किसान, तेरी जय हो!

साज़िशों का दौर

यह साज़िशों का दौर है, बात कुछ और है।
चुप्पी साधे सब बैठे हैं, बुनियाद है तानाशाही की
चुप रहती जनता यहाँ, और नेताओं का शोर है
यह साज़िशों का दौर है.....

सरकार नहीं है सरकारी, है निजीकरण सबपे भारी
चौकीदार और चोर मिल गए, घर का बंटाधार है जारी
यह साज़िशों का दौर है.....

नेता अभिनेता एक हो गए, एक नाटक मंच सजाया है
अहं, प्रतिष्ठा, लालच की, यहाँ छाई घटा घनघोर है
यह साज़िशों का दौर है.....

लोकतंत्र के चार स्तम्भ कभी होते होंगे
अब तो खड़ा एक टांग पर, और कितना कमजोर है
यह साज़िशों का दौर है.....

क्या विधायिका, कार्यपालिका, न्यायपालिका
बिकता सब कुछ इस मंडी में, खरीद-फ़रोख्त पर जोर है
यह साज़िशों का दौर है.....

राजा की गोद में मीडिया, विकलांग है चल न पाएगा
वह और उसका मीडिया, वह जो चाहेगा दिखलाएगा
यह साज़िशों का दौर है.....

वह 'देश नहीं बिकने देगा', मालिक है, खुद ही बेचेगा
तुम कौन, तुम्हारा नाम है क्या, उसकी बात ही और है
यह साज़िशों का दौर है.....

जागते रहो जो कहता है, उस चौकीदार को सोना है
न्याय है उसकी जेब में, बस इसी बात का रोना है
यह साज़िशों का दौर है.....

जहाँ राज नहीं कानून का, और राजा का कानून है
नहीं चाहिए अकल उसे, क्योंकि वह अफलातून है
यह साज़िशों का दौर है......

बात आलू की

मैं आलू नहीं होना चाहता, उसने मना किया है

उसे आलू पसंद नहीं - आलू मैं भी नहीं खाता

पर, न जाने कब और कैसे

मुझे आलू अच्छा लगने लगा था

फिर अचानक वह आया और बोला -

अरे, यह आलू भी कोई खाने की चीज़ है

आलू तो ऐरे-गैरे नत्थू-खैरे सभी खाते हैं

होगा यह अच्छा औरों के लिए

तुम्हारे लिए यह स्वास्थ्यवर्धक नहीं है

मत खाओ ज्यादा आलू।

यह आलू है क्या?

आलू है साधारण हो जाना

सस्ता होना, आम बन जाना, शरीर हो जाना

सब के साथ, सब को घुसा लेना, और सब में घुस जाना

सब के जैसा साधारण हो जाना - यह है आलू

उसने मुझे आलू से निकालकर

आलोचना से बचाया है मैं उसका आभारी हूँ।

आलू बाहर के लिए है होता

भीतर के लिए तो अल्लाह है, आनंद है

मन, ख़ुशी चाहता है

शरीर, सुख; और आत्मा, आनंद

मुझे तो तीनों चाहियें - 'सुख' शरीर के लिए

'ख़ुशी' मन या मनसा के लिए

और 'आनंद' आत्मा के लिए

और वह कभी भी आलू से नहीं मिल सकता ।

आलू शरीर के लिए यदाकदा, न कि सर्वदा

आलू बुरा नहीं होता, बहुतायत बुरी है आलू की

यह रही बात आलू की।

नारी-प्रधान भारत

यह देश ही भारत देश है जो, भारत-माता कहलाता है

माता का महत्व बताता है

'त्वमेव माता च ....', पिता बाद में

माँ को हमने पहले रखा

माँ ही तो पता पिता का देती।

जो लोग बराबरी की बातें करते हैं

भूल जाते हैं कि हमने नारी को आगे किया

हम नहीं हैं पिछड़े लोग जहाँ

ना नारी का सम्मान करें

हमने माता कह पूजा की

नारी का सदा सम्मान किया

दुनिया में कहीं ये मिसाल नहीं।

देवी-देवता में हमने, माता को अपनी आगे किया

जब नाम युगल का आया तो, हमने नारी से शुरू किया

हो लक्ष्मी-नारायण या सीता-राम

या नाम हमारे राधे-श्याम

धरती को माता का नाम दिया

उसको देवों की जननी कहा

यज्ञ नहीं होते थे यहाँ, यदि माता का न साथ रहा

यहाँ-वहाँ, हर जगह ही तो

नारी का सदा आभार रहा।

वह माता भी, है बहन हमारी

पत्नी बन साथ निभाती है

अस्तित्व हमारा नारी से, नारी जीवन भर भारी है

कन्या का पूजन हमने किया

रक्षा का वचन बहनों को दिया

रक्षा-बंधन हमने बांधा

यह बात भी अपनी निराली थी

न ये दुनिया जानने वाली थी।

जो धन दौलत के पुजारी थे

वे लोग नहीं व्यापारी थे

जो भारत में बाहर से आये थे

इतिहास उन्होंने बदल दिया

नारी को माता ना माना और उसका अपमान किया
हमने तो सदा पूजा जिसको
उन लोगों ने था पतित कहा
भारतवासी ऐसे तो न थे
इन लोगों ने बदनाम किया।

आँखें न फिरंगी हों अपनी, न कान हमारे कच्चे हों
वो कुछ भी कहें हमारे लिए,
हम माँ के बच्चे अच्छे हों।
क्यों हमे सिखाये कोई यहाँ
नारी-समानता होती क्या
वो उलझे रहें समानता में हम देते हैं सम्मान यहाँ
नारी प्रधानता भारत में तो सदियों से ही जारी है
उसकी ममता, सुख, सेवा के लिए
यह पुरुष सदा आभारी है।

नारी-शक्ति, नारी-सम्मान, ये विषय नहीं हैं हमारे लिए
यह तो एक जीवन शैली है,
भारत के मानस में फैली है ।
नारी समान ! नारी सम्मान ! नारी महान !

परिभाषा प्रेम की

आओ परिभाषा रचें एक नई प्रेम की

'तुम-तुम न रहो, मैं-मैं न रहूँ'

यह झूठ न हो, यह वहम न हो

मैं-मैं ही हूँ, तुम-तुम ही हो, बस यह सच हो

या तू या मैं या कोई नहीं

यह रीत नहीं हो प्रेम की

आओ परिभाषा रचें एक नई प्रेम की।

अद्वैत प्रेम कैसे हो सकता, दो ही तो प्रेम में चाहिए

तुम रहो हमारी बात सुनो, हम रहें तुम्हारी बात सुनें

सुन्दर सा एक स्वप्न बुनें, हो बात नई एक प्रेम की

आओ परिभाषा रचें एक नई प्रेम की।

हम नहीं किसी को कुछ कहते, कोई भी हमको क्यों रोके

हम जो भी चाहें वही करें, और कोई हमको क्यों टोके

हम पा के रहेंगे हर मंज़िल, जो भी तय होगी प्रेम की

आओ परिभाषा रचें एक नई प्रेम की।

निलय बनाएंगे हम मिलकर

हमको है विलय नहीं होना

हँसते-हँसते जीवन बीते

हम दोनों की ही हस्ती हो

राधा-मोहन की जोड़ी हो, हो अमर कहानी प्रेम की

आओ परिभाषा रचें एक नई प्रेम की।

देह में देही हम दोनों, हम दोनों का ही ध्यान रखें

मुक्ति नहीं, हम मुक्त रहेंगे, और सदा उन्मुक्त रहेंगे

आनंद, ख़ुशी, और सुख होंगे, परिणति हमारे प्रेम की

आओ परिभाषा रचें एक नई प्रेम की।

तुम आ जाना और मत आना,

इस दुनिया के बहकावे में

तुम डरना मत, हूँ साथ तुम्हारे,

साथ तुम्हारा देने को

हम साथ रहे तो, जीत ही होगी, अंत हमारे प्रेम की

आओ परिभाषा रचें एक नई प्रेम की।

जो होना है हो जायेगा

जो करना है वह करते रहो, जो होना है हो जायेगा
जिसको आना है आएगा, जिसको जाना है जायेगा।

कुछ गलत नहीं कुछ सही नहीं
जो तुमने किया जो मैंने किया
जो उसने किया वह पायेगा, मेरा मुझको मिल जायेगा।
जो करना है वह करते रहो...

हर पात्र की अपनी भूमिका है
वह आएगा रोल निभायेगा
सृष्टि के नाटक मंच पर, सब स्वयं घटित हो जायेगा।
जो करना है वह करते रहो...

सुख आता है तो आने दो
दुःख को भी दूर भगाओ मत
सुख आया, दुःख भी आयेगा, यह कौन हमें समझायेगा।
जो करना है वह करते रहो...

जो दिया किसी को हक उसका

जो मिला मुझे वह मेरा है

यहाँ बोकर पेड़ बबूल के, कोई आम कहाँ से पायेगा।

जो करना है वह करते रहो...

कुछ ना कुछ तो लोग कहेंगे

उनका काम है कहना

उनके कुछ भी कहने से, क्या मेरा कुछ घिस जाएगा।

जो करना है वह करते रहो...

चलते रहो तुम अपने पथ पर

सीधे-सीधे सादे-सादे

फिर वजीर कैसा भी हो, वह प्यादे से पिट जाएगा।

जो करना है वह करते रहो...

मैं और मेरा

आंखों से दिखाई देता जो

वह मैं नहीं हूँ, मेरा है

तुम भी जो दिखाई देते हो

वह तुम नहीं, तुम्हारा है

हम दोनों जो दिखाई देते हैं

वह हम नहीं, हमारा है

यह देह हमारा वाहन है

हम चालक इसे चलाते हैं।

मैं हूँ एक आत्मा

मेरा परमपिता, परमात्मा

वह भी एक आत्मा

और मैं भी एक आत्मा

ना आत्मा का कोई आकार

हम दोनों ही हैं निराकार

मैं हूँ शक्ति - एक ऊर्जा

मेरा परम-पिता भी ऊर्जा।

तुम निराकार, मैं निराकार
सब देहधारी हैं निराकार
हम कभी नहीं लेते आकार
हम लेते देह का आधार,

मैं सुनता हूँ इन कानों से, और इन आँखों से देखता हूँ
चलता हूँ अपने पैरों से, हाथों से कर्म मैं करता हूँ
और अपने मुख से बोलता
जो मेरा है वह मैं नहीं, हम दोनों का मेल है
मैं और मेरे का खेल है।

मैं देखता हूँ पर दिखता नहीं
और किसी पदार्थ से रुकता नहीं
हर सुख-दुःख 'हम' महसूस करें
संकल्पों की रचना 'हम' ही करें
हर काम 'हमारा' होता है
पर नाम देह का होता है।
यह देह नहीं करती कुछ भी
'हम' देह से करवाते हैं
अपना ही बोया खाते हैं।

भारतवासी होने पर गर्व करूँ?

इस धरती पर पैदा होने का दंड भरूँ
भारतवासी होने पर गर्व करूँ?

रोटी, कपड़ा, और मकान
सब पर कर है
शिक्षा, स्वास्थ्य, बिजली पानी पर खर्च करूँ
हर लीटर पेट्रोल पर दूँ मैं साठ रुपए
मेरी मेहनत मेरी कमाई पर आयकर
मेरे पैसे से मैं सरकार की जेब भरूँ
इस धरती पर पैदा होने का दंड भरूँ
भारतवासी होने पर गर्व मैं करूँ?

जब रोड टैक्स गाड़ी पर दिया
यह टोल टैक्स फिर कैसा
अच्छी है, पर टोल रोड क्या रोड नहीं है
जब अच्छी सड़क के पैसे और
तो टूटी सड़क के वापिस दो

मैं सड़क पे चलने तक का दुगना टैक्स भरूँ

इस धरती पर पैदा होने का दंड भरूँ

भारतवासी होने पर गर्व मैं करूँ?

जब सब कुछ ही तो बिकाऊ है

किस चीज़ पे कितना खर्च करूँ

यह सोच-सोच कर मैं मरूं

नेता बिकाऊ, अफसर बिकाऊ, है पुलिस बिकाऊ

जहाँ न्याय नहीं, तारीख मिले

तुम बोलो फिर मैं क्या करूँ

इस धरती पर पैदा होने का दंड भरूँ

भारतवासी होने पर गर्व मैं करूँ?

जय भारत माता की बोलो, बोलो जय श्री राम

राम भरोसे भारत बैठा, कौन करेगा काम

जहाँ जाति-धर्म की राजनीति, है वोटों का व्यापार

जहाँ लोकतंत्र ख़तरे में है

मैं ऐसे देश का क्या करूँ?

इस धरती पर पैदा होने का दंड भरूँ

भारतवासी होने पर गर्व मैं करूँ?

मेरे टैक्स के पैसे से विस्टा प्रोजेक्ट बनाए वो

पुष्पक विमान में घूमे वो

और रोज ही पर्व मनाए वो

वो लाखों के कपड़े पहने, मैं चीथड़ों से बदन ढकूँ

मैं गरीब बेरोजगार, मैं क्या करूँ

कैसे मैं अपना पेट भरूँ

क्या सिर्फ देश पर गर्व करूँ

इस धरती पर पैदा होने का दंड भरूँ

भारतवासी होने पर गर्व मैं करूँ?

खुद को हिन्दू कहते हो

औरंगजेब के कर्मों की सजा

तुम मुझे क्यूँ देते हो

मेरा क्या दोष है

तुम तो जानते ही हो और मानते भी हो

कि आत्मा तो अजर, अमर, अविनाशी है

और शरीर रूपी वस्त्र बदलती रहती है

वासांसि जीर्णानि..... तुम तो पक्के ब्राह्मण हो न।

धर्म परिवर्तन से पहले, हो सकता है मैं ही

दादा-परदादा था तुम्हारा

या हो सकता तुम ही मुस्लिम थे

देह त्यागी और बन गए अब हिन्दू

पर हो तो तुम भी एक बिंदु - एक आत्मा।

क्या तुम मुझको भूल गए हो

नए शरीर, इस नए वस्त्र में

मैं तो वही अजर, अमर, अविनाशी हूँ

जो तब भी था और अब भी है, और सदा रहेगा

बस कर्मफल को भोगने यह वस्त्र मिला है

जिसका नाम-रंग मुस्लिम रखा है

मैं हूँ वही, बस वस्त्र है बदला

समझो मुझे मैं आत्मा हूँ - परमात्मा की संतान

तुम्हारे भगवान का, और इनके अल्लाह का बच्चा हूँ

मैं तब भी सच्चा था, मैं आज भी सच्चा हूँ।

पूर्वज तुम्हारे भी कुछ कम नहीं थे

महाज्ञानी, ज्ञाता वेदों का - बीस भुजा दस सीस

वह ब्राह्मण था, तुम भी कहते हो

जैसा वह था, तुम भी वैसे हो

क्या मिले सजा उसकी तुमको

या तुम्हारी संतानों को?

व्यक्ति पूजा करने लगे, नहीं रहे भगवान के तुम

भक्ति के नए आंदोलन में, ज्ञान विहीन तुम हो गए

मुझको भूले, खुद को भूले, भूले हो भगवान को तुम

भक्त नहीं बनना था तुमको, तुम तो ज्ञानी ध्यानी थे

राजनीति का चल गया जादू, भक्त बने हो राजा के तुम

जो मुझको दुश्मन मानते हो

और खुद को हिन्दू कहते हो।

मेरी अनालू

अनालू की आमद से
कविता में मेरी, है आया निखार
मैं करूं उससे प्यार, है उसका अधिकार
करूँ उसका आभार मैं बार-बार।

दबे पाँव आकर कभी उसके बोल
कानों में मेरे दें मिश्री सी घोल
जिसे छू न पाऊँ उसे कैसे पाऊँ
करूँ प्यार कैसे, न जिसे देख पाऊँ।

अनालू को आकार दूँ भी तो कैसे
वह प्रेरणा है मेरी, मेरी भावना है
न रूप है, न रंग है, सदा मेरे संग है
कभी सामने वो अगर आ भी जाए
दबे होठों से अपने, वह सब कुछ कह जाए।

अनालू तुम भी विचित्र हो !
नहीं भाव का भाव जहाँ
और कदर नहीं जज़्बात का
तुम आते हो कह जाते हो
कुछ ऐसा जिसका कोई मोल नहीं
कौन तुम्हें समझेगा यहां
और कौन तुम्हें पहचानेगा
परिचय नहीं तुम्हारा है
आलू-आलू को जानेगा।

कभी भी, कहीं भी, वह है भी नहीं भी
वह कब जाने आए, और कब चली जाए
अनालू को मैंने अगर पा लिया तो
न बन जाऊँ आलू, यह डर भी सताए।

लोग गुज़र जाते हैं

हम दोष समय को देते हैं, कहते हैं इसको भला-बुरा
यह वक्त नहीं गुज़रता हैं, हम लोग गुज़र जाते हैं।

यह रास्ते नहीं चलते हैं, हम इन राहों पर चलते हैं
सब आते-जाते रहते हैं, हम लोग गुज़र जाते हैं।

आँखों से दिखाई देता है, पर स्वार्थ में अंधे होते हैं
लाशों के ढेर के ऊपर भी, हम लोग गुज़र जाते हैं।

समय नहीं अच्छा या बुरा, इसकी फितरत लोगों सी नहीं
अपनों को पीछे छोड़कर, आगे, हम लोग गुज़र जाते हैं।

समय सनातन, अविनाशी, 'नैनं छिन्दन्ति ....'
यह सदा नित्य रहता है मगर, हम लोग गुज़र जाते हैं।

जो देता नहीं दिखाई, उसका आना क्या और जाना क्या
दिन महीने साल हों या; घंटे, मिनट की बात हो
गिनती इनकी करते-2, हम लोग गुजर जाते हैं।

खुश कैसे रहना

बदला नहीं है लेना तुमको, खुद को बदल के दिखाना है।

तुम सोच बदल लो भाई, आसार नहीं बदलेंगे

तुम खुद को बदल लो भाई

ये लोग नहीं बदलेंगे

हर हाल में तुम खुश रहना, हालात नहीं बदलेंगे।

गारंटी है खुश रहने की, अगर बात मानी जाए

जो जैसा है वैसा मानो, या उसको बदल दिया जाए

और बदल नहीं सकते जो किसी को

तो खुद को ही बदला जाए

खुश रहने की कोशिश की जाए।

लोग हमारे वश में नहीं, विवश हैं

क्या हम भी अपने वश में नहीं

विवश हैं या पर-वश हैं

आज़ादी का जश्न मनाओ

जो जैसा है उसे रहने दो

नजर उनकी बदल जाएगी, नजरिया तुम बदल लो।

न तुम हो न मैं हूँ

ये मंदिर, ये मस्जिद, ये चर्च, गुरूद्वारे
ये मेरे नहीं हैं, न ही ये तुम्हारे।
ये लेते हैं तुमसे, ये देते नहीं हैं
जो देता है दाता, उसे सब पता है
और अगर वह सुनता किसी एक जगह पर
तो वो भी झूठा, है वो भी व्यापारी
न तेरे न मेरे, व्यापारियों के डेरे
न तुम हो व्यापारी, न मैं हूँ व्यापारी।

पैसा तुम्हारा, मेहनत भी तुम्हारी
जिसको बनाया था
उसी के आगे झुकना
जिसे द्रव्य देते
उसी से फिर मांगना
दे-देकर पैसे बिना मोल बिकना
हो करके जीवित, निर्जीव से कुछ चाहना
यह भावना नहीं, मूर्खता है मांगना

भिखारियों के अड्डे
कहीं खाई कहीं गड्ढे
न तुम हो भिखारी, न मैं हूँ भिखारी।

जिसे मानते हो तुम निराकार
उसी को तुम देते आकार बार-बार
पुस्तक हो या सूरत हो
या किसी देव की मूरत हो
क्या है ऐसा इन सब में
जो बिकता न बाजार में
कहाँ है कुछ भी ऐसा जो पदार्थ नहीं है
पदार्थ-पदार्थ को करता है नमस्कार
न तुम हो पदार्थ, न मैं हूँ पदार्थ।

सावधान

सावधान तुम नहीं रहे तो
मनी, मीडिया, मोदी मिलकर
सत्ता फिर से ले जायेंगे, सब देखते रह जायेंगे।

मंदिर-मस्जिद मुस्लिम-हिन्दू कर
टीवी पर तुमको बहलाएंगे
लूटेंगे दोनों हाथों से, और तानाशाह बन जायेंगे।
सावधान तुम नहीं रहे तो......

फिर राम का चर्चा होगा आम
अल्लाह-ईश्वर लड़ाए जायेंगे
महंगाई और रोजगार, सब तुमको भुलाये जायेंगे
सावधान तुम नहीं रहे तो......

सेना, जवान या देश के नाम
ये फिर से चिल्लायेंगे
राष्ट्रवाद के खोखले नारे, फिर से दोहराए जायेंगे
सावधान तुम नहीं रहे तो......

क्या जनता, क्या जन की बातें
धन का नाच धना-धन होगा
जाति-धर्म के नाम पर, दंगे करवाए जायेंगे
सावधान तुम नहीं रहे तो......

शासन किसका, कैसा होगा
देश का क्या करना है
अभी समय है सोच समझ लो, सब बाद में पछतायेंगे।
सावधान तुम नहीं रहे तो......

झूठे वादे, और जुमले हैं
शब्दों का मायाजाल है
जितने भी भोले पंछी हैं, सब जाल में फँस जायेंगे
सावधान तुम नहीं रहे तो......

जादूगर फिर आएगा, अपनी कला दिखाएगा
जनता जुमलों में झूमेगी, और गोल-गोल फिर घूमेगी
एक था राजा, एक थी रानी, सपने रंगीन दिखायेंगे
सावधान तुम नहीं रहे तो......

अणु-मानव

कवि हो अपना ऋण दो उतार तुम दर्पण अपना दिखला दो
निर्माता हैं जो अग्नि के उनको अपना जल दिखला दो।

सिंदूर मिटेंगे कितने, कितनी गोदें सूनी होनी हैं
जो क्षण भर में बारूद हुआ जग भय उसका भी बतला दो।

कितने रेशम के धागों से हाथ दूर रह जायेंगे
जो होगा होने से पहले ही वह तुम सबको जतला दो।

कितने जीव प्रसव पीड़ा से पहले ही थक जायेंगे
होगा कितना यहाँ अंधकार रहते प्रकाश तुम समझा दो।

हैं मन मलीन तन ऊजले हैं आज इन इंसानों के
सद्भाव से धो दो घृणा तुम प्रेम से नहला भी दो।

अणु धरती का है यह मानव इसको सीमा में बांधे क्यूँ
व्यवधान मिटें, अणु जुड़ जाएं हे देव ! ज्ञान तुम इतना दो।

अध्यात्म और धर्म

धर्म का काम कुछ करना है
अध्यात्म है कुछ होना
धर्म का काम है खाना, अध्यात्म है कुछ बोना
अध्यात्म में धर्म का, कोई स्थान नहीं होता
धर्म तो अध्यात्म का, मार्ग ही है रोकता ।

कभी उनका मजहब खतरे में था
अब मेरा धर्म खतरे में है
जो गलती उसने तब की थी
वह गलती तुम दोहराओगे
तो समझदार हो जायेंगे ?
क्या राजनीति के गुलाम हो
एक धर्म को सह न पाओगे
अपनी संस्कृति को दे तिलांजलि
अपने आका को रिझाओगे
अपने अध्यात्म की रीति को तुम ऐसे ही खो जाओगे
भारत का नाम डुबाओगे।

क्या?

क्या अल्लाह भगवान नहीं है, या ख़ुदा नहीं है ईश्वर
क्या बच्चे उसके सब नहीं, और सब का पिता परमेश्वर।

ईश्वर की संतान ही क्या ख़ल्क़-ए-ख़ुदा नहीं है
क्या रूह नहीं है आत्मा
और उसका पिता परमात्मा।

जो लौह-ए-अज़ल पे लिखा है
क्या विधान विधि का नहीं है
मकाफ़ात-ए-अमल ही क्या
कर्म का सिद्धांत नहीं है।

मैं मक्का जाऊं या मथुरा
क्या दोनों जगह मौजूद है वो?
मैं करूं इबादत या पूजा
क्या दोनों जगह वह सुनता है?

मैं रहूं मुसलमान, बन जाऊं हिन्दू
क्या दोनों में अंतर है?
क्या अल्लाह की भक्ति को
भगवान इबादत मानेगा?

क्या मंदिर में अल्लाह
और मस्जिद में भगवान नहीं है
क्या मेरी प्रार्थना, दुआ नहीं है
क्या दोनों अगम तक जाती हैं
क्या दोनों ही रंग लाती हैं?
क्या पतित पावन इंसाफ करेगा
क़यामत के दिन क्या माफ़ करेगा।

वसुधा एक कुटुंब हो कहते
तुम मुझसे फिर अलग हो कैसे
क्या मोहन मोहम्मद भाई नहीं है
क्या दोनों का एक साईं नहीं है?
अल्लाह-अल्लाह है, ईश्वर-ईश्वर है,
ख़ुदा-ख़ुदा भगवान नहीं है
यह किसने तुमको समझाया है
यह किसने नियम बनाया है?

नेता और अभिनेता

नेता और अभिनेता में, अब अंतर नहीं बचा कोई

दोनों एक दूजे के पूरक हैं

जब नेता चाहे करे अभिनय

अभिनेता बन जाए नेता

जनता हर हाल में दर्शक है

देखे अभिनेता या नेता

दरबारी छेड़ो राग, करो गुणगान

सजाते नेता को अभिनेता

नेता देता अभिनेता को

फिर अभयदान, कर से निदान

इस विज्ञापन के दौर में धंधा ऐसे ही चलता है

ये माल यूँ ही तो बिकता है

पर 'मुश्तरी होशियार-बाश'*

देखो 'लैवल' न कि 'लेबल', हो सकता है ये गुप्त पाश

बुद्धि का उपयोग करो, जांचो परखो

फिर करो बात।

* क्रेता सावधान रहो

कविता

भावना को भाषा दे, अनुभव का गान कर
विचारों का तू कर बयान, तो इसे कविता जान।

मतलब से न बात कर, मतलब की बात कर
न झाड़ ज्ञान भाषा का, तो इसे कविता जान।

न दे दुःख, न ले दुःख, दे खुशियां और सदा रह खुश
शब्दों में भर दे मिठास, तो इसे कविता जान।

न दिल की ही बात हो, दिल वालों की भी बात हो
भावों में लय हो, न किसी का भय हो,
तो इसे कविता जान।

तन्हाई में साथ हो, जैसे किसी का हाथ हो
तनाव की दवा हो जो, दौर खुशी की खुराक हो
तो इसे कविता जान।

समझदार

सत्ता आने से भाषा सख्त हो ही जाती है

लहज़ा बदल ही जाता

लिहाज़ कम हो ही जाता है

'नज़ाकत' और 'हुस्न' का साथ

चोली दामन का होता है

पावर और पीपल का आंकड़ा

छत्तीस का ही रहता है

पावर में प्यार कहाँ रहता है।

उसका कोई कसूर नहीं

शक्ति और अधिकार आने से

धर्म-कर्म में कमी आ ही जाती है

दया का भाव कम हो ही जाता है

इंसान में इन्साफ़ कम हो ही जाता है

इंसान आखिर इंसान होता है

गलतियों का पुतला है

मुकाबला, लालच, ईर्ष्या, और अहंकार

इन सब का उस पर असर होता है।

फल आने से पेड़ झुका करते थे कभी

अब तो फल आने का मतलब ही है

पेड़ जड़ छोड़ दे, और ऊपर की ओर बढ़े

जो देखे ऊपर ही ऊपर वही है शक्तिशाली

धन और रुतबे की शक्ति

इंसान पर हावी हो ही जाती है

सहनशीलता शक्ति नहीं

कमज़ोरी मानी जाती है।

दोस्त, यार सम्बन्धी हों, या हों मेरे रिश्तेदार

सबकी अपनी कमजोरी है सबके अपने हैं आधार

सब चाहते हैं अपना उद्धार

जो गलत नहीं है यार

पर हम समझें जब उनको

तब ही हम गलत नहीं हैं

वो जो हैं जैसे भी हैं

हम तब भी करें प्यार, तो हम हैं समझदार

अब बताओ क्या बनना है।

जब मैं दुनिया से जाऊंगा

जब मैं दुनिया से जाऊंगा, तुम याद न मुझको करना
मैं लौटकर न आऊंगा, तुम याद न मुझको करना।

जब याद बहुत आए मेरी, बस यही सोच खुश रहना
मैं साथ तुम्हारे होता तो, क्या कहता और क्या करता।

जब मेरे बारे में सोचो तुम, न आँख तुम्हारी नम हो
हर कीमत पर खुश रहना, न ख़ुशी तुम्हारी कम हो।

न पूजा पाठ मेरी खातिर, न श्राद्ध मेरा तुम करना
न पहुंचेगा कुछ भी मुझको, तुम धन बर्बाद न करना।

जो करना अपने लिए ही करना, न मेरे नाम कुछ करना
खुश रहना, खुशियां देना, बस यही काम तुम करना।

कविताएं मेरी पढ़ लेना, मैं क्या हूँ मुझे समझना
मैं सोच में अपनी बसता हूँ, तुम मेरी सोच पकड़ना।

मेरी फोटो नहीं लगाना तुम, मेरी चीज़ें संभाल न रखना
मैं जहाँ रहूँगा, खुश ही रहूँगा, तुम मेरी चिंता न करना।

मैं पानी हूँ, पानी-पानी नहीं

मैं पानी हूँ, मेरा कोई सानी नहीं

सागर से मैं चलता हूँ

पर्वत पे मैं रहता हूँ

मैं आकाश से बरसता हूँ

धरती पे चलता

मैं नदियों में बहता हूँ

समंदर बनकर सहता हूँ

तुम सब से कहता हूँ

बनो तुम भी पानी, न कि पानी-पानी।

मैं पीर नहीं, मैं नीर हूँ

और तुम सबकी तक़दीर हूँ

आकार नहीं मैं साकार हूँ

जिस में डालो मैं वैसा हूँ

लेकिन मैं हूँ निराकार।

इंसान जो होना चाहते हैं

ब्रजभूमि में मैंने जन्म लिया

नानक का नमक मैंने खाया

कृष्णा तो बसे मेरे खून में

दिल में मेरे राम समाया।

अल्लाह का मैं हूँ गुलाम

मैं हूँ ईसा का भाई - 'सन ऑफ़ गॉड'

कबीर, करीब मेरे रहता है

मैं बुल्ले शाह का पड़ोसी हूँ।

राम, कृष्ण, **नानक** को नमन

हजरत, ईसा, साहिर को सलाम

न कबीर न बुल्ले शाह

मैं उन जैसा बिलकुल भी नहीं

पर वैसा होना चाहता हूँ।

मैं भी सच होना चाहता हूँ

और यही मैं कहना चाहता हूँ।

मैं अपने आप से लड़ता हूँ

गिरता हूँ और संभालता हूँ

फिर गिरता हूँ फिर उठता हूँ

ताकि बन जाऊँ उन जैसा

जो मेरे आदर्श हैं।

सब भाई हैं मेरे खास-ओ-आम

पाखंड नहीं जो करते हैं

जो अपने आप से लड़ते हैं

जो सच की राह पर चलते हैं

जो गिरते और संभलते हैं

जो अग्निपथ पर चलते हैं।

और सच जो होना चाहते हैं

इंसान जो होना चाहते हैं।

वे सब ही मेरे भाई हैं

वे ही सब मेरे भाई हैं।

उठो जवानो !

उठो जवानो आओ, और तोड़ो दीवारें धर्मों की।

तुम पूछो क्या पाखंड है यह

हम क्यों माने इन धर्मों की।

क्यों माथा रगड़ें पत्थर पर

क्यों चढ़े चढ़ावा दर-दर पर

क्यों बिकता है प्रसाद यहाँ

बाजार में क्यों भगवान बिके

जहाँ बोली लगती श्रद्धा की

और भावनाओं का मोल लगे

क्यों करें गुलामी रस्मों की

क्यों सिर्फ कर्म की बात न हो

क्यों कबीर की न मानें

क्यों बुल्ले शाह की बात न हो

उठो जवानो आओ, और तोड़ो दीवारें धर्मों की।

न मंदिर बने न मस्जिद हो

बस एक मैं हूँ और एक तुम हो

क्यों 'लव जिहाद' जायज़ न हो

क्यों दिल से दिल की बात न हो

जहां अपने सपनों का घर हो

जहां धर्म का कोई निशान न हो

क्यों जातिवाद दुनिया में हो

क्यों मानवता ही जात न हो

क्यों सच्चाई की बात न हो

क्यों दया-धर्म की बात न हो

उठो जवानो आओ, और तोड़ो दीवारें धर्मों की।

माँ-बाप ने पढ़ने भेजा था

भक्त नहीं होना था तुम्हें

तुमको विज्ञानी बनना था

तुमको तो ज्ञानी बनना था

क्यों भाषा पर धर्म का लेबल हो

क्यों मुल्ला की ही उर्दू हो

क्यों हिंदी पंडित की ही हो

क्यों अंधकार में तुम भटको

और क्यों प्रकाश की बात न हो

उठो जवानो आओ, और तोड़ो दीवारें धर्मों की।

तुम पढ़ो दीवार पर क्या लिखा

जो तुम्हे पढ़ाया जाता है

यह तो गुंडों की भाषा है

दंगों का आभास है

राजा का बाजा बनो नहीं

सोचो तुम अपनी भलाई की

तुम शिक्षा की बात करो

तुम रोजगार की बात करो

तुम बात करो सच्चाई की

तुम क्यों नफरत की बात करो

उठो जवानो आओ, और तोड़ो दीवारें धर्मों की।

हम देखेंगे - फैज़ साहिब

(हिन्दी में)

हम देखेंगे, हम देखेंगे

नियति है कि हम सब देखेंगे

'सम्भवामि युगे-युगे'

जो विधान विधि ने लिखा है

हम देखेंगे....

दुःख अत्याचार के ऊँचे पहाड़

जब रुई बन उड़ जायेंगे

शासित लोगों के पाँव तले

धरती थर-थर धरायेगी

और शासक के सिर ऊपर

जब बिजली कड़ कड़ कड़केगी

हम देखेंगे....

जब परशुराम कोई उठेगा

क्षत्रिय विहीन धरती करने

वंचित-शोषित जनता जनार्दन
शोभित सिंहासन पर होंगे
सब ताज उछाले जायेंगे
सब तख़्त गिराए जायेंगे
हम देखेंगे....

बस नाम रहेगा ईश्वर का
जो व्यक्त भी है अव्यक्त भी है
जो द्रष्टा भी और दृश्य भी है
'ब्रह्मास्मि' का घोष उठेगा
जो मैं भी हूँ और तुम भी हो
भगवान के बच्चे राज करेंगे
जो मैं भी हूँ और तुम भी हो
हम देखेंगे...

www.ingramcontent.com/pod-product-compliance
Lightning Source LLC
La Vergne TN
LVHW051224200726